U0674149

100位

为新中国成立作出突出贡献的英雄模范人物

吴焕先

卢振国/编著

★

吉林文史出版社

图书在版编目（CIP）数据

吴焕先 / 卢振国编著. -- 长春：吉林文史出版社，
2011.4（2022.4重印）
（100位为新中国成立作出突出贡献的英雄模范人物）
ISBN 978-7-5472-0595-2

Ⅰ. ①吴… Ⅱ. ①卢… Ⅲ. ①吴焕先（1907～1935）—
生平事迹 Ⅳ. ①K825.2

中国版本图书馆CIP数据核字(2011)第051232号

吴焕先

WUHUANXIAN

编著/ 卢振国
选题策划/ 王尔立　责任编辑/ 王尔立
装帧设计/ 韩璘
出版发行/ 吉林文史出版社
地址/ 长春市福祉大路5788号　邮编/ 130118
电话/ 0431-81629363　传真/ 0431-86037589
印刷/ 天津海德伟业印务有限公司
版次/ 2011年4月第1版 2022年4月第6次印刷
开本/ 640mm×920mm　1/16
印张/ 9　字数/ 100千
书号/ ISBN 978-7-5472-0595-2
定价/ 29.80元

《100位为新中国成立作出突出贡献的英雄模范人物》丛书

★★★★★

编 委 会

主　任　　张自强　高　磊

副主任　　王东炎　徐　潜　张　克　王尔立

编　委　　郭家宁　尚金州　龚自德　张菲洲

　　　　　张宇雷　褚当阳　丁龙嘉　孙硕夫

　　　　　李良明　闫勋才

100位

为新中国成立作出突出贡献的英雄模范人物／

八女投江	于化虎	小叶丹	马本斋	马立训	方志敏
毛泽民	毛泽覃	王尔琢	王尽美	王克勤	王若飞
邓 萍	邓中夏	邓恩铭	韦拔群	冯 平	卢德铭
叶 挺	叶成焕	左 权	诺尔曼·白求恩		任常伦
关向应	刘老庄连	刘伯坚	刘志丹	刘胡兰	吉鸿昌
向警予	寻淮洲	戎冠秀	朱 瑞	江上青	江竹筠
许继慎	阮啸仙	何叔衡	佟麟阁	吴运铎	吴焕先
张太雷	张自忠	张学良	张思德	旷继勋	李 白
李 林	李大钊	李公朴	李兆麟	李硕勋	杨 殷
杨子荣	杨开慧	杨虎城	杨靖宇	杨闇公	萧楚女
苏兆征	邹韬奋	陈延年	陈树湘	陈嘉庚	陈潭秋
冼星海	周文雍、陈铁军夫妇		周逸群	明德英	林祥谦
罗亦农	罗忠毅	罗炳辉	郑律成	恽代英	段德昌
贺 英	赵一曼	赵世炎	赵尚志	赵博生	赵登禹
闻一多	埃德加·斯诺		夏明翰	格里戈里·库里申科	
狼牙山五壮士		聂 耳	郭俊卿	钱壮飞	黄公略
彭 湃	彭雪枫	董存瑞	董振堂	谢子长	鲁 迅
蔡和森	戴安澜	瞿秋白			

前　言

　　每个人的心中都多少有一点英雄情结，都向往英雄、景仰英雄。也正因此，在中华人民共和国建国六十周年之际，由中央十一部委联合组织开展的"100位为新中国成立作出突出贡献的英雄模范人物和100位新中国成立以来感动中国人物"的评选活动中，群众参与投票总数近一亿。这其中的每一张选票，都表达了人们对英雄模范的崇敬之情，寄托着对伟大祖国的美好祝福。

　　一个民族不能没有英雄，否则这个民族就不会强大。当国家危难之时，懦弱者选择了逃避、妥协甚至投降，英雄们却挺身而出，用热血捍卫民族的尊严，人民的幸福。在创立和建设新中国的伟大历程中，涌现出无数可歌可泣的英雄模范人物。他们之中，有为了民族独立和人民解放而英勇牺牲的革命先烈，有为了党和人民的事业而不懈奋斗的优秀共产党员，有在全民族抗战中顽强奋战、为国捐躯的爱国将士，有英勇杀敌的战斗英雄和革命群众，有积极从事进步活动的著名民主爱国人士和国际友人……他们是民族的脊梁、祖国的骄傲，是激励全体人民团结奋斗的精神力量。

　　《100位为新中国成立作出突出贡献的英雄模范人物传记》丛书，就像一部星光璀璨的英雄谱，真实、完整地记录了英雄模范人物不平凡的一生，再现了他们非凡的人格魅力和精神世界。"头颅可断腹可剖"的铁血将军杨靖宇，"毫不利己，专门利人"的白求恩，"抗战军人之魂"张自忠，"砍头不要紧"的夏明翰，"俯首甘为孺子牛"的文化斗士鲁迅……一串串闪光的名字，一个个动人的故事，犹如群星闪烁，光耀中华。

　　如今，战火已熄，硝烟已散，英雄已逝，我们沐浴在和平的幸福之中。在和平年代，人们不会忘记为今日的和平浴血奋战的英雄们，英雄的故事永远不会结束。让我们用英雄的故事唤醒我们心中的激情，为中华民族的伟大复兴而奋斗。

生平简介

吴焕先（1907–1935），男，汉族，湖北省黄安县人，中共党员。

吴焕先1923年考入麻城乙种蚕业学校，开始接受革命思想。1925年加入中国共产党。后回家乡组织农民协会，建立农民武装。他一家六口惨遭国民党地方民团杀害。1927年11月率紫云区农民武装参加黄麻起义。后带领部分武装在黄麻地区和光山南部坚持武装斗争，为开辟鄂豫边苏区创造了条件。后任鄂豫边革命委员会土地委员会主席、中共鄂豫皖特委委员、黄安县委书记、中国工农红军第四军十二师政治部主任、红四方面军第二十五军七十三师政治委员。参加了鄂豫皖苏区历次反"围剿"。1932年10月红四方面军主力离开苏区后，任鄂东北游击总司令部总司令，参与领导重建第二十五军，任军长。在国民党军重兵划区"清剿"、苏区大部丧失的严峻形势下，指挥部队连续取得郭家河、杨泗寨等战斗的胜利。第二十五、二十八军合编为第二十五军后，任政治委员。11月奉中共中央指示，率部进行长征，战胜敌人的围追堵截，进入陕西南部秦岭山区，广泛发动群众，建立民主政权，开展游击战争，领导开辟了鄂豫陕苏区，先后任中共鄂豫陕省委副书记、代理书记。1935年7月率部西进，接应中共中央和红军北上。同年8月21日在甘肃泾川四坡村战斗中英勇牺牲，年仅28岁。

1907-1935

[WUHUANXIAN]

◄吴焕先

目 录 MULU

血沃中原（代序）

　　吴焕先在麻城乙种蚕业学校读书，开始接受革命思想，走上革命的道路。毕业后，他回家乡发展党组织，筹建农民协会和建立农民武装，打击土豪劣绅。他是著名的黄麻起义领导人之一，是鄂豫皖苏区创建人，红二十五军政治委员。

　　因为吴焕先参加革命的缘故，他的父亲、兄嫂和弟弟等六位亲人惨遭国民党地方民团杀害。后来，母亲和妻子被饿死在山林中。破家革命的吴焕先在血淋淋的残酷现实中，更加看清了反动地主阶级的狰狞面目，也认识到要以革命的武装反对反革命的武装。后来，他广泛发动群众，建立民主政权，领导开辟了鄂豫陕苏区。

　　1935 年 8 月，在甘肃泾川西坡村战斗中，吴焕先不幸中弹。陇东高原埋忠骨，年仅 28 岁的红二十五军政委、大别山的优秀儿子吴焕先用自己短暂而辉煌的生命，为中国革命和民族解放事业，书写了一代共产党人龙吟虎啸、开天辟地的壮丽史诗。

　　沉痛的哀悼，深切的怀念，像一根根扯不断的红线，丝丝相连。吴焕先的牺牲，使鄂豫陕省委失去了一位才能卓越的领导，使红二十五军失去了一缕英气勃勃的灵魂！他一路上的所作所为，全体指战员都是有目共睹、有口皆碑。1935 年 9 月，红二十五军经过艰难的远征，与陕北红军会师。毛泽东对红二十五军领导深情地说，红二十五军远征为中国革命立了大功，吴焕先功不可没。

红了大别山

(1907—1931)

→ "七相公"

★★★★★

（0-18 岁）

　　四角曹门这个依山傍水的山村，背后是一座林木葱郁的起伏山峦，形如一条头大尾扁的鲶鱼，故名鲶鱼山，村前阡陌纵横的稻田边上，就是清水涟涟的倒水河。四五十户山里人家，大都依着山湾而居，当地也叫做湾子。就连村口的清水池塘，也砌成弯曲形状，像一把窄长的弯刀。

　　1907 年 8 月，正是立秋之后的一个夜晚，吴焕先就在这里呱呱落地，伴着初秋之夜的一阵阵蛙鸣，向人世间发出第一声啼哭！

　　根据吴氏家谱记载，吴焕先的祖父吴行仁，他有三个创家立业的儿子，老大吴维干、老二吴维棣、老三吴维祯。吴家三兄弟拥有三四十亩平畈稻田，二十几亩旱地，好几头膘壮的大水牛。就其家产而言，当时在四角曹门

△ 红军将领吴焕先故居

这个山湾里，也是首屈一指的大户。

父亲吴维棣，字子华，前室戴氏因病去世，后续陈氏为妻。吴维棣有五子：尚先、奉先、焕先、书先、济先。吴焕先为陈氏所生，排行第三。但在伯叔兄弟们中间，焕先又排行老七，因此村里人都喊他"七相公"。这个"七相公"，是属羊的，天生的一副相公模样。白白净净的圆脸庞，红红润润的厚嘴唇，一对十分秀气的眼睛，笑起来总是眯成一条缝儿，很是讨人喜欢。7岁时，他开始在六七里以外的朝阳寺私塾念书。五年之后，他又就读于大湾村小学。自从上学读书以后，他眼界开阔了，时常跟同学们在河边夸口："嘿嘿，我要长大了，等到河水猛涨的时候，就一头扎进水里，游过松树岗和七里坪，直下黄安县城……"就凭他那么一种狗爬式的水性，从四角曹门到黄安县城，步行也有八九十里路程，哪是闹着玩儿的？

"哈哈，你还想游到长江边上去……打个扑腾不成？"同学们都在跟他逗着趣儿。

他不甘示弱地嘿嘿一笑："'好男儿志在四方'，你以为长江边有多远略，也不过两三百里，要去就去得了。我要考入省城中学，非在长江里打个扑腾不可！"

是啊，好男儿志在四方！他的抱负，他的志向，就在少年时代逐步养成。他一心想去武汉中学读书，将来好做一番事业。他那强烈的求知欲望，深受老师和同学们的器重与钦佩。

可是，青少年时代的美好愿望，往往又难以实现，因为家庭境况不佳，父亲所经营的一所杂货小铺，生意也很不景气，拿不出足够的费用供他去武汉求学。气宇不凡的吴焕先，最后还是放弃了去长江边打个扑腾的雄心壮志，而步入一条切实可行的求学之路。1923年，吴焕先刚满16岁，就背上个铺盖卷儿，进入湖北省麻城蚕业学校。从此，便开始了人生哲学的第一课！

这所蚕业学校，当时也是麻城县传播马列主义最为活跃的地方之一。吴焕先在上学期间，积极参加反对帝国主义侵略和北洋军阀反动统治的示威游行，他与新结识的师生们一起奔向街头，张贴标语，散发传单，鼓吹新兴的革命运动。轰轰烈烈的反帝反封建斗争，激发了他的爱国热忱，使其开始接受马列主义，走上革命道路。1924年，他就在该校加入了中国社会主义青年团。他那一颗狂热的心，对于全世界无产阶级革命导师马克思所产生的浓厚感情，可以说是到了无比信仰、无比虔诚、无比崇拜的地步，奉若神明一般，敬爱到了极点！

→ 破家革命

★★★★★

（18—20岁）

1925年夏天，吴焕先从麻城蚕业学校毕业了。

五卅惨案以后，当时在武汉领导革命运动的董必武，把一批在武汉读书的黄安、麻城两县的学生，大都派回乡来，联合当地的革命知识分子，积极开展革命活动。黄安籍学士戴克敏、郑位三、曹学楷、戴继伦等人，这时都回到了黄安北乡。吴焕先晓得他们负有革命使命，很快就跟这几位志同道合的革命知识分子，紧密地结合在一起。他和戴克敏、戴继伦是姑表兄弟，互相比较了解。

入党以后，吴焕先很快又回到四角曹门，投身于农民革命运动的历史潮流之中。这时，他已改变了学生时代的装束，脱下棉布长袍，解掉毛线围脖，剪去了乌黑油亮的长发，完全把自己收拾成个"农夫"模样，换上一身普通的粗布衣衫，赤脚片靸着一双草鞋，整天奔走在倒水河两岸的山湾村寨。田头、路边、树下，都是他与贫苦农民搭伴拉话的好地方。所讲的革命道理，也是深入浅出，尽量与对方的身世处境有所联系，能够激起感情上的交流，产生一番共鸣。

吴焕先等共产党员们，还领导农民向地主阶级展开反剥削反压迫的斗争，发起了轰轰烈烈的"五抗"运动。当地一些大大小小的土豪劣绅，都被吓掉了魂儿似的，惶惶不可终日。

"黄安北乡，一吴一方。"这一吴一方，就是郑边的吴惠存和方湾的方晓亭。吴、方两条地头蛇，也是黄安县最有权势而又作恶多端的大土豪、大恶霸、大讼棍。吴焕先亲自点名，首先煞住了这两家的威风：要吴惠存摆了二十几桌酒席，宴请四乡农民，以示对他的惩罚。对方晓亭所霸占的公田公产，也进行了清算，公开斗争了这个恶棍。并勒令他们完全废除对农民所实行的一切租、债、捐、税。初步兴起的反封建斗争，给封建地主阶级以有力的打击，大长了革命农民的志气！

就在这时，吴焕先又在自己家里烧起了一把火，照亮了四角曹门这一处山湾。这个四五十户人家的山村，即使把全部土地财产累积起来，也不一定抵得上吴惠存和方晓亭两家的家底雄厚。但就实际情况来看，还数吴焕先伯叔三家是富户，别的都不可企及。因此，吴焕先自他入党以后，就在心目中划了个相近的等号：三头大小肥瘦不同的水牛，一对半都可当作地主。他以为在家门口闹革命，为人做事都得有个起码的准绳，方能取信于劳苦大众。他家近两年虽然没有雇用过大小长工，农忙时节搭几个短工也是常事，有几家本乡本土的佃户债户，这些年也是吃够了苦头，穷得直不起腰来。这时，吴焕先首先说服了他的母亲和两个哥哥，亲自把几家佃户债户召到家里，当面讲道："各位父老乡亲，你们都是我这个家的佃户债户，这些年刮了你们不少血汗，剥夺了你们的劳动果实，我首先向诸位赔个不是，表示谢罪！从今以后，你们谁租我家的田地就归谁所有，实行耕者有其田，按共产党的主张办事，你们谁欠我家的租子、债款，再也不用交还，连本带利通统勾销！空口无凭，咱们今天就断个明白……"说着，就把十来张契约和借据，全都让佃户债户仔细看过，当场划了一根火柴，一把火烧了个干净！

"七相公！爹给你磕头……谢恩！"年逾花甲的佃户吴行义，扑腾一下跪在吴焕先的面前，纳头便拜。

"老爹！我……你……"吴焕先冷不防慌了神儿，语无伦次。他紧跟着也跪了下去，用双手把老人搀了起来。这才稳住神说：

"老爹！我今年才19岁，你千万可损不得孩儿的寿……"

"我心里头……高兴！"老人只管抹着眼泪。

"老爹，"吴焕先紧接着说，"从今以后，那二亩地就归在你的名下，再也不用交纳租子。农忙时节，你也不要来帮短工，拿自己的血汗作抵押，做人情了。我是个共产党，说话做事算数……"说着，他不由转向别的几位乡亲，亲切地说：

"今天立下的这些规矩，都是共产党的主张。我们家里无论是谁，往后再要向各位收租逼债，大伙就联合起来，发动五抗！到时候，我回来挑这个头，咱们一齐反抗！"

向来都比较温良文静的"七相公"，这时在自己家里闹腾起来，他是那么激进勇为，那么大义凛然！吴焕先焚烧契约的事，当下就在村里张扬开来。

极端仇视农民运动的大恶霸方晓亭，暗地里与大地主吴惠存串通一起，由方晓亭出头露面，与土匪头子袁英勾结起来，连同方家的反动武装"红枪会"总共两百余人，杀气腾腾地直扑箭场河、四角曹门而来。这些家伙一路上烧杀抢劫，无恶不作，受害群众有百八十户。方晓亭恶狠狠地吼叫着，要"踏平箭场河，血洗四角曹门，灭绝吴焕先一家"！

吴焕先回到家时，摆在他面前的是父亲吴维棣、大哥吴尚先、二哥吴奉先、五弟吴济先的尸体，血肉模糊，惨不忍睹。侧旁还停放着一具女尸，是溺水而死的大嫂。那个裹在褴褛里的吃奶婴儿，当时还没有从池塘里打捞出来……

这场突如其来的屠杀，吴焕先一家所遭受的灾难最惨最重。这一鲜血淋淋的惨案，在1927年3月18日《汉口民国日报》上，曾有所披露："吴焕先家内大小六口杀尽……"

哭么，吴焕先的眼里都哭出血滴来了。恨吧！他的满嘴牙齿都要咬得粉碎。

大难过后，吴焕先一家只剩下母亲、二嫂和小侄女荣荣，孤苦伶仃地活了下来。幸亏她们当时没有跟在一起逃难，得以幸存。四弟吴书先，因为躲过了方匪的屠刀，也免于一死。吴焕先这天外出做事，恰好不在村里，等到他闻讯赶回家时，首先看到的是方晓亭贴在村口的一张告示：

"捉住吴焕先，赏银洋三千！"

一场鲜血淋淋的残酷现实，使吴焕先看清了反动地主阶级的狰狞面目，同时也认识到要想对付地主武装的反扑，就必须组建农民自己的武装，以革命的武装反对反革命的武装。哭么，是不会感动土豪劣绅，向农民发慈悲的；恨么，就得拿出共产党人的斗争勇气，抓起革命的枪杆子，跟敌人拼个你死我活！

第二天，他就把箭场河乡的党员和农民协会骨干召集起来，慷慨激昂地当众讲道："乡亲们，农友们，同志们！方晓亭向我们进攻了，这笔血海深仇，总有一天要叫他以血偿还！我吴焕先的身价不高，值不了'银洋三千'，但至少得拿几个方晓亭的狗头来换！我们跟着共产党闹革命，都是铁了心的，革命革到底，至死不回头！我们跟地主阶级撕破了面，发起了五抗，地主阶级也跟我们翻了脸，动起了刀枪！阶级决斗的盖子揭开了，一不做，二不休，革命就要革到底，你死我活拼到底！现在，我们就是要以眼还眼，以牙还牙，方晓亭以他的'红枪会'仗势欺人，我们也搞上个革命的'红枪会'，以红枪对红枪，跟土豪劣绅干一场！"

有了武装力量作后盾，旧历年关即将来临的时候，吴焕先趁机又发动了一次"年关借粮"。一声令下，周围许多村子都一齐行动起来，由各村的农协会挑头，身背箩筐，手拿口袋，肩头扛着大刀长矛，纷纷奔向地主家里"借粮"。几十户大地主见此情景，都乖乖地打开粮仓，不敢说个"不"字。农民们仅从大地主石子谦一家，就"借"得好几百石粮食，无不拍手称快。人们都说："往年过年，都是地主老财向穷人收租逼债，今年反向地主白手去'借'……这个年过得热闹，红火！

这时，箭场河地区的农民运动，如雨后春笋似的蓬勃发展起来，先后建立了九十七个村的农协会，成员达到三千四百余人，在此基础上，很快也成立了箭场河地区农民协会，吴焕先为负责人之一。就在这时，吴焕先等共产党员所领导的农民革命武装，以革命的暴力行动，接连干了两件轰动鄂豫边界的事：

一是根据湖北省政府1927年3月2日颁发的《惩治土豪劣绅暂行条例》，吴焕先和黄安县农协会派来的王建一起，惩治了罪大恶极的吴惠存。拿吴惠存杀一儆百，也不是一件轻而易举的事。他们动手将吴惠存捆住，押到街上的吴氏祠堂，公审了这个称霸一方的恶棍。王建和吴焕先当机立断，决定将吴惠存就地处决，以除后患。王建手执一把锄头，猛将吴惠存打倒在地，吴焕先的红学队伍也一拥而上，把吴惠存当场砸死。接着，吴焕先又带着三堂革命红学队伍，打了高玉皆等几个地主豪绅，把农民革命运动的火焰，很快在这一带点燃起来。

惩处了吴惠存之后，就有不少群众私下里嘀嘀，他们气愤不过地说："吴惠存这么多年勾结盐卡，均分赃物，作恶很多。农协会除掉了这个大恶霸，就不能收拾一下盐卡？是时候了，赶快搬掉这个拦路虎，老百姓好有盐吃！"吴焕先虽然没有吃过此种苦头，但他从农民群众的呼声之中，感到了共产党人的历史责任。他不得不决定除掉这个"拦路虎"。为了摸清虚实，吴焕先亲自跑到石岗村，找到党员石生财，问了问"盐卡"的兵力情况。这个石生财，也曾遭受过卡兵的迫害。有一次，他偷着去光山买了一袋食盐，被卡兵发现以后，追到家里把盐抢去，而且把他吊在"盐卡"门前的树上，用棍棒毒打了一顿。石生财深有所感地说：

"焕先同志，我们建立了红学队伍，就得为民除害！"

"对对！"吴焕先连声应道，"打掉这个盐卡，除掉这个祸害！"

于是，他又跟石生财一起，到"盐卡"附近看了看地形，进一步了解了兵力、哨位和居住情况。

二是攻打"缉私营盐卡"的战斗行动。一天晚上，吴焕先带了百十名战斗骨干，手执大刀长矛，悄悄包围了匪兵驻地石家庙。天将晓时，他们趁着匪兵熟睡之机，首先摸掉了岗哨，然后破门而入，冲了进去。十二个匪兵在睡梦中做了俘虏，缴获了几条长枪和几把大刀，彻底摧毁了这个"卡子"。

吴焕先所领导的红学队伍，又一次点燃起一团革命烈火，在鄂豫两省边界熊熊燃烧起来。这是农民革命运动新的开端，新的起点，新的希望之光！武装斗争的序幕，从此在鄂豫边境拉开了。

→ 黄麻起义

（20—24 岁）

  为了防备地主武装的反扑，吴焕先根据上级有关成立脱产的农民自卫武装的指示精神，对三支"红学"队伍进行了整顿，从中挑选了一百多人，编成一支半脱产的常备农民自卫军。吴焕先担任总指挥，石生财为副总指挥。与此同时，吴焕先还在程湾主持召开了反蒋声讨大会，动员农民和学生们一齐行动起来，打倒新军阀蒋介石。会后，他又主持成立了箭场河地区的防务委员会，制定了几条应变措施，以防敌人的反扑。

  随后，吴焕先等人以农民自卫军为骨干，发动和组织了紫云区五个乡的农民义勇队，总共三千余众，手执大长矛、锄头棍棒、竹竿铁叉，就在箭场河西面不远的木城寨抗击进犯之敌。吴焕先把他的指挥部扎在木城寨，抬来太平

013
红了大别山

天国时代使用过的几门土炮，装上铁砂火药，朝来犯者进行轰击。防守在各处的农民义勇队，每人都制作了几个"石灰罐子"，等到敌人发起冲锋时，只听一声炮响，就劈头盖脑地摔上前去，顿时腾起团团烟雾，迷得敌人睁不开眼睛，抱头鼠窜而去。就这样打退了敌人的两次进攻。吴焕先亲自带领这支队伍，趁夜插入敌后，放火烧了几处麦草垛子，这才迫使敌人退去，暂时稳住局势。

等到敌人又一次卷土重来时，吴行忠正好从麻城搬来援兵——湖北省警备团的一个连队，及时投入这场战斗。两天以后，终将陈二辉的数千人打退。吴焕先带领农民自卫军百余人，乘机发起反击，直捣入陈二辉的老巢，夺回大批耕牛和财物。木城寨反击战时间长达七昼夜之久，终于取得了决定性的胜利！

同年11月3日，鄂东特委在七里坪召开了黄安、麻城两县党的活动分子会议，决定以黄安七里坪、紫云区（箭场河）以及麻城乘马、顺河等地的农民武装为骨干，举行武装起义，攻占黄安县城。吴焕先以黄安县委委员兼紫云区委书记的身份，参加了这次会议。他是起义总指挥部七名领导成员之一。

会后，吴焕先马上又返回箭场河，积极筹划起义前的各项准备工作。他一面深入发动党员和农协会骨干，宣传党的武装夺取政权、实行土地革命的方针，另一方面，把以农民自卫军为骨干的和参加木城寨反击战的三千多名农民赤卫军，按照班、排、连、营、团的组织建制，抓紧进行了整编，积极展开军事操练。与此同时，又架起几十座铁匠炉，昼夜不停地赶制火枪土炮、大刀长矛等武器，进一步武装起义队伍。妇女们也飞针走线，为农民起义军刺绣战旗，缝制标志起义的"亦化带子"。紫云区境内的乡镇村寨,像大海一般沸腾起来,像烈火似的燃烧起来。每一处山湾里,都响起了战斗的口号声:

"实行武装暴动! 拥护土地革命!"

"暴动! 不打不能安身!"

"现在是劳农世界,杀尽土豪劣绅,没收其土地与财产。"

"暴动! 武装夺取县城,建立革命政府!"

11月10日,武装起义的时刻来到了,地处黄安县城以北四十几华里的七里坪,聚集了两万多农民起义队伍。按照总指挥部的命令,以黄麻两县农民自卫军以及七里坪、紫云区等千余精锐农民义勇队,联合组成攻城部队,于13日晚奔向黄安县城。14日晨,一举攻入城内,全歼守城匪军,活捉伪县长贺守忠等反动官吏数十人。暴动成功了,起义胜利了! 古老的黄安城头,庄严地飘起了革命的红旗,人们无不欢欣鼓舞。18日,成立了黄安县工农革命政府,曹学楷当选为政府主席。

21天之后,刚刚获得新生的黄安县城,遂又陷入敌手。12月5日,鄂东军与敌十二军一个师浴血奋战,终因寡不敌众,伤亡严重,最后不得不退出县城。总指挥潘忠汝壮烈牺牲。黄安县委书记王志仁也献出了宝贵生命。

12月下旬，鄂东特委和工农革命军的几位领导人，先后都来到箭场河附近的木城寨，举行了一次紧急会议，决定留下少数人就地坚持斗争，将鄂东军剩余人员拉到木兰山去，开展游击战争。会后，即在黄安县的闵家祠堂集合了七十二人、五十三支长短枪支，于12月29日转入黄陂县境内的木兰山。这支队伍随后改编为中国工农革命军第七军，军长吴光浩，党代表戴克敏，参谋长汪奠川。

吴焕先被留在箭场河地区，就地坚持革命斗争。他和吴先筹、石生财等同志一起，分头活动于附近山村，秘密召开党的会议，号召党员们在敌人的进攻面前，要"注意保存革命力量，坚持斗争，不当叛徒"。把一些留下来的骨干分子，大都分散到山里去，坚持游击活动。

不久，敌十二军一个营的兵力，就占领了黄安北乡的七里坪、杞树岗、箭场河，数以千计的共产党员、农协会员和人民群众惨遭杀害。仅在箭场河的一块黄泥田头，两个月之内，就残酷屠杀三百余人。这块黄泥田头，尸骨累累，被鲜血所渗透，当地群众都称之为"血田"。逃亡在外的大恶霸方晓亭，这时又带着一班护兵返回到箭场河，伙同吴惠存的儿子搞了个"清乡团"，三天两头骚扰四角曹门，搜捕革命群众。共产党员程如香、毛国兴等人，被方匪处以极刑，先后牺牲。与吴焕先情同手足的吴先恩一家，除了母亲和大哥逃往外地，全家五六口都被敌人杀害。吴焕先和他的母亲，都成了敌人通缉捉拿的主要对象。四五十户人家的四角曹门，被敌人糟踏得不成样子，乡亲们大都扶老携幼逃难去了。

这时，吴焕先把他们的活动区域，很快也转移到箭场河以西的柴山堡地区。柴山堡地处河南光山边界，即现在的陈店乡一带，与箭场河只有一岭之隔。吴焕先通过王志仁的弟弟王志斋，就近从事秘密活动，先在王湾发展了几个党员。随后又在胡湾、陈湾、大吴家等村子，建立了党的组织。这一切，都为后来开辟柴山堡地区，建立鄂豫边的第一块革命根据地，打下了基础。

1928年4月，鄂豫边形势起了新的变化。盘踞在黄麻起义地区的敌十二军教导师，与桂系十八军发生冲突，该师奉命撤回河南，鄂豫边界暂时成为军阀割据的空隙地带。这时，戴克敏率领的工农革命军一个大队，趁机从木兰山转回到老区，于4月7日歼灭了紫云区上戴家"清乡团"，缴枪二十余支。柃树岗团匪也闻风逃窜。接着，工农革命军第七军全部返回黄安北乡，吴光浩和曹学楷也回来了。就地坚持斗争的吴焕先等同志，立即领导农民群众配合工农革命军，向土豪劣绅"清乡团"发起了新的进攻，革命斗争烈火很快又燃烧起来。

至此，黄麻地区的一支弱小的农民革命队伍，便走上"工农武装割据"的道路，把土地革命、武装斗争和政权建设三者紧密地结合起来。这对于后来创建鄂豫皖根据地，起到了极为重大的作用。

7月，工农革命军第七军根据上级指示精神，改编为中国工农红军第十一军三十一师，共一百二十余人，分编为四个大队。跟吴焕先休戚与共的吴先筹，这时也参加了红军队伍，担任第三大队的党代表。这一时期，吴焕先为紫云区委书记，负责恢复和开辟箭场河地区的工作。

箭场河一带的革命形势，逐渐又好转起来，局势稳定多了，外出逃难的好几千群众，相继又返回家园。

次年4月初，党中央派来担任党和红军领导职务的郭述申、许继慎、曹大骏、熊受暄等同志，相继来到了箭场河，带来了党中央新的战略部署。中共中央1930年2月25日发出指示，决定将鄂豫边、豫东南、皖西等三块革命根据地，划为鄂豫皖边特别区，并建立中共鄂豫皖边特别区委员会。3月18日，党中央又给鄂豫皖特委和红军三十一师、三十二师、三十三师发出指示，决定将这三个师编为中国工农红军第一军。

于是，中国共产党鄂豫皖边特别区委员会中国工农红军第一军在箭场河成立了。郭述申任书记。

于是，中国工农红军第一军在箭场河组成了。军长许继慎，政治委员曹大骏，副军长徐向前，政治部主任熊受暄。原来活跃于鄂豫边、豫东南、皖西等地的红三十一师、三十二师、三十三师，分别编为红一师、二师、三师。全军总共两千一百余人。

于是，生长于箭场河这块故土的吴焕先，同时也当选为鄂豫皖边特委委员，并兼任黄安县委书记等职务。

这一年的春天，是以粉碎敌人第一次大规模"围剿"、毙伤俘敌五千余人、缴枪三千余支的辉煌战果迎来的，这一时期，党中央委派曾中生到鄂豫皖革命根据地担任特委书记兼军委会主席。根据中共中央 1930 年 10 月 18 日指示精神,决定将长江以北的蕲春、黄梅、广济等地划归鄂豫皖苏区。红十五军于 1930 年 10 月成立后,即在军长蔡申熙等同志率领下,经由英山、罗田县境北上,经过两个月的艰苦转战,终于到达黄麻地区。两军于商南长竹园会师后,即编为中国工农红军第四军。以党中央派来的旷继勋、余笃三担任军长和政治委员,徐向前任参谋长。红四军下辖两个师:第十师师长蔡申熙,第十一师师长许继慎。全军共一万二千余人。是年 5 月,中共中央鄂豫皖分局成立以后,新集即成为鄂豫皖苏区之首府。

红四军出击平汉线,接连打了两个大胜仗,一是在李家集火车站截击一列兵车,歼敌新编十二师一个旅,毙敌旅长侯镇华,缴获大批军火物资,二是在双桥镇全歼敌三十四师,毙敌上千人,俘敌师长岳维峻以下五千余人。双桥镇大捷,壮大了红军的声威,根据地境内一片欢腾,到处都掀起慰劳红军、参加红军的热潮。

吴焕先被调到红四军去工作,担任该师政治部主任。这期间,吴焕先在母亲的坚持下,与曹学楷的堂妹曹干先举办了婚礼。

婚礼仪式就在马克思像前举行。不用拱手作揖，不用磕头跪拜，也不用执事者喊什么吉祥祝词，夫妻双方只向马克思行了三鞠躬。接着，吴焕先把母亲喊在当面，两人给母亲深深地鞠了一躬。随后给乡亲们也鞠了几躬。一时间，一包包纸烟到处散，一把把核桃枣儿花生满院子飞，孩子们嘻嘻哈哈地抢了个欢快，吃了个美！热闹了好一会儿，婚礼也就结束了。

夜已深了。一对与红烛相依为伴的新婚夫妇的喃喃细语，饱含切切情意：

"……从今以后，你就是这个家里的人儿，第一是当儿子，第二是做媳妇。耕田种地，料理家务，还有我的老母……都得靠你承担了。家里的担子不轻咧！"

"我哥哥给我讲过，共产党员都有两个家：一个大家，一个小家。为了大家，难得顾上小家，顾了小家，就会忘了大家。你在外为好大家，我在屋里看好小家……"

新婚的日子是甜蜜的，也是短促的。就在他们举行婚礼的同时，敌人调集了十几个师的兵力，对根据地发起了第二次"围剿"。4月20日，即新婚后的第五天，吴焕先就随同红四军主力一起，到皖西去会合新改编的红十二师。从此以后，开始了他戎马倥偬的军旅生涯……

革命之路

(1931—1934)

➔ 失守新集

★★★★★

（24—25 岁）

横贯于湖北、河南、安徽三省交界的大别山脉，纵横交错，气势雄伟。以大别山脉为依托的鄂豫皖革命根据地，东控江淮平原，西扼平汉铁路，南襟长江而北带淮河，战略地位十分重要，为历代兵家逐鹿中原的必争之地。

鄂豫皖边特区委员会的建立，标志着鄂豫皖苏区的形成，并逐步进入新的蓬勃发展的繁盛时期。

吴焕先所在的红四军第十二师，当时留在皖西境内，驻兵霍丘县叶家集，一边扩充兵员进行整训，一边坚持武装斗争。1931 年 10 月 25 日，中国工农红军第二十五军正式成立，军长旷继勋，政委王平章。红四军十二师编入红二十五军建制，为七十三师，师长刘英，政委吴焕先。

1931年11月7日,中国工农红军第四方面军在黄安县七里坪宣告成立。方面军总指挥徐向前,政治委员陈昌浩。下辖红四军和红二十五军,总兵力约三万余人。红四方面军成立以后,先后发起黄安、商(城)潢(川)苏家埠和潢(川)光(山)等四次战役,都取得了空前的伟大胜利。四次战役,总共歼敌六万余人,其中成建制被歼的敌正规部队将近四十个团。这时,红四方面军总兵力为四万五千余人。

各县独立师、游击队和赤卫军等地方武装,也在二十万人以上。根据地东起淠河两岸,西迄平汉铁路,北达潢川、固始,南至黄梅、广济,总面积已达四万余平方公里,人口三百五十万,拥有黄安、商城、英山、罗田、霍丘、广济等六座县城,建立了二十六个县的革命政权。以大别山脉为依托的鄂豫皖革命根据地,呈现出蓬勃发展的极盛局面。

但是,张国焘这个机会主义者,却给鄂豫皖苏区带来了重重灾难,造成了不堪回首的悲惨局面。1931年5月12日,中共中央鄂豫皖分局和新的革命军事委员会于新集宣布成立,张国焘为分局书记兼军委主席。王明"左"倾冒险主义路线和张国焘的机会主义领导,随之也在鄂豫皖苏区开始推行,居于统治地位。

这一时期,吴焕先随同方面军总部一起行动。1932年1月,他在新集参加了鄂豫皖省委成立大会,当选为省委委员。春节过后,即调任方面军政治部主任。有关分局召开的夏店会议，军事行动方针的意见分歧，他心里也十分清楚。可他当时并没有完全意识到对于形势所作出的错误判断，必将引起军事行动方针和作战部署方面的连锁反应。直到从黄安县城撤退时，吴焕先才猛吃一惊，心里也很不平静。黄安县城的得而复失，失而复得，是那么容易的么？

红四方面军成立后的第三天，即 1931 年 11 月 10 日发起的黄安战役，历时四十三天之久，总计歼敌一万五千余人。最后发起总攻时，方面军总部曾以红军拥有的第一架飞机"列宁"号，飞临黄安上空，有声有色地盘旋了几圈，投下几颗迫击炮弹，撒下许多传单，搞得敌人惊恐万状。入夜，红军发起总攻，守敌六十九师五千余人全部被歼，敌师长赵冠英化装潜逃，亦被农民赤卫军活捉。数以万计的农民赤卫军，以及附近各地的男女老少，都一致动员起来，支援配合红军作战，气势相当壮观。正如当地流行的一首歌谣所描述的那样：

小小黄安，人人好汉。

铜锣一响，四个八万。

男将打仗，女将送饭。

历史悠久的黄安县城，再次回到党和人民的怀抱，城头飘起了革命的红旗。黄安县苏维埃政府即迁入城内。为纪念这一具有重大意义的胜利，遂将黄安县改名为"红安县"。一字之改，可圈可点，这是红军指战员以鲜血和生命所换取的革命成果，用枪杆子绘下的一幅版图，饱含着历史的艰难曲折和悲欢离合。

9月初，方面军两个师于胡山寨、四面山、金兰山等地，与敌陈继承纵队激战五天，杀伤敌两千余人。就在这时，卫立煌纵队和张钫纵队则由南北两面，向新集步步推进，企图与西面的陈继承纵队构成三面合围之势，将红军聚歼于胡山寨地区。9月6日，方面军主力不得不撤出新集，向皖西根据地转移。分局、省委和省苏维埃政府等领导机关，全都实行了"大搬家"，随同红军主力东去皖西。9月9日，鄂豫皖苏区首府新集，即被敌人占领。

临撤退之时，张国焘才把徐宝珊和吴焕先叫到当面，仓促决定成立鄂东北道委和游击总司令部，正式指定徐宝珊为道委书记，吴焕先担任游击总司令。名为两个机构，实际上都是空架子，只给留下三百元活动经费，就两个单枪匹马的领导人及其警卫人员。除此之外，张国焘还留下这样一句结论性的预言：红军主力一旦退出新集，鄂东北将转成游击区域，沦为一片没有粮食的荒土。吴焕先建议留下一些部队，借以巩固鄂东北根据地，张国焘不但不同意，反而把一些地方部队也给编入红军带走了。

吴焕先首先将红安、罗山两个不足千人的独立团扩编为两个独立师，总兵力近三千人，随后又将麻城、光山、河口、陂安南，陂孝北等地的独立团和游击队，编为五个游击师，共约四千余人，各区、乡、村普遍都建立了游击队和赤卫军。两个独立师和五个游击师，都按照划定的活动区域，就地坚持武装斗争。在方面军主力转战豫东南和皖西期间，活跃于鄂豫边各地的地方武装，积极开展群众性的游击战争，经常于夜晚神出鬼没，破坏敌人交通，骚扰敌军据点营地，弄得敌人四下告急。9月29日，敌十三师由宣化店开赴七里坪的途中，被罗山独立师和仙居区赤卫军阻击在邓家桥之大包山，激战一日，敌死伤累累，不得不绕道前进。禹王城一带之赤卫军战斗连，先后又在翻叉岭和坞子铺等地伏击该敌，缴获机枪六挺、步枪数十支。时隔不久，该敌在杨家冲一带又遭到河口游击师的沉重打击，死伤三百余人。这样，在四次反"围剿"斗争初期，方面军主力东去之后，鄂东北根据地仍然保持了敌占城镇、我占广大乡村的局面。

一个月之后，红四方面军由皖西返回到红安以西地区。10月8日、9日，方面军主力在河口一带跟敌人打了两仗，毙伤敌两三千人。10月10日晚上，张国焘在黄柴畈召开了紧急会议，研究方面军的行动方针问题。参加会议的有张国焘、陈昌浩、沈泽民、徐向前、王平章、徐宝珊、吴焕先等人。鉴于当时情势严重，红军在内线作战已十分困难，因此决定红军主力转到外线作战，暂时到平汉铁路以西活动，借以调动和歼灭敌人，伺机打回根据地。会后，分局和方面军总部即率领十师、十一师、十二师、七十三师和少共国际团，总共两万余人，于12日越过平汉铁路西去……

这时，鄂豫皖省委的主要领导成员，除郭述申留在皖西以外，沈泽民、王平章、郑位三、成仿吾、徐宝珊、高敬亭、戴季英、吴焕先都留在鄂东北地区，统由省委书记沈泽民负责，领导根据地军民坚持斗争。而留在鄂东北、皖西北两地的部队，也只有红二十五军七十五师两个团和军部特务营，以及红二十七师三个团，约五千余人，分散于各地的地方游击武装，总共也不过万余人。此外，还留有数以千计的红军伤病人员。

红军主力转出外线以后，根据地的斗争形势极为严峻。敌人仍以十五个师又两个旅二十万重兵，加上地方反动民团、保安队、"铲共"义勇队数万余人，对我根据地实行残酷"清剿"。仅在红安县境内，就有将近十万群众被敌人屠杀，到处都是尸骨累累的"百人井"、"千人坑"、"万人塚"。敌第十二师在皖西的柳树湾和上楼房等地，两次屠杀都在两三千人以上，而且割下死难群众的耳朵，用铁丝穿成串儿，挑了七大担向其上司邀功请赏。许多地主豪绅也随同匪军纷纷还乡，到处组织"铲共义勇队"，强迫群众用白布或白纸做成旗子，插在家门口表示"归顺"，趁机推行保甲制度，实行反革命复辟。

在敌人的疯狂进攻和摧残破坏之下，根据地大片大片地丧失了，剩下八九个区的乡村根据地，大都被敌人切成了碎块，犬牙交错，七零八落。一副令人焦急而又痛心的局面。

有许多人惊恐不安，思想上和行动上都十分混乱。吴焕先沿途见到不少的红军伤员，伤势早已痊愈，就是不肯归入地方部队，非要等到方面军主力回来不可。

"同志们，红二十五军真的完蛋了么？没有完蛋，也不会完蛋！"吴焕先当着这些同志讲道，"旷继勋军长负伤了，蔡申熙军长也牺牲了，王平章政委还在哪！军部是没有了，军部特务营还在，这个特务营的战斗力，顶得上一个主力团！七十三师走了，七十四师编散了，七十五师还在，留下两个团咧！二二四团为了掩护方面军主力行动，留在皖西根据地了，二二三团就留在红安地区，跟军部特务营合在一起，接连打了四五个小胜仗，最近都转移到了枟树岗。谁说红二十五军完蛋了，我看没有完嘛！"几句实实在在的话，把红二十五军的来龙去脉讲得一清二楚，也很令人信服。

当场就有好几个伤病员亮了相，说他们就是七十三师的，都表示愿意及早归队，即使本部队暂时回不来，他们也肯归入留下的七十五师，好上前线杀敌人！

历史对某个人的选择，往往带有很大的偶然性。但是，这种偶然性同必然性偏又形成最巧妙的联结。吴焕先这个游击总司令，就在这时被推上了军事家的活动舞台……

11月中旬，吴焕先到仙居顶以西奔走了一趟，很快又返回到枟树岗地区。鉴于红四方面军主力西去不归，根据地形势严重，他便找到省委书记沈泽民，当面陈述了他的想法，建议省委把留在根据地的五个主力团尽快集中起来，重新组建一支主力红军，以扭转根据地的混乱局面，独立坚持武装斗争。11月29日，省委在枟树岗召开了军事会议，正式决定重新组建红二十五军。军长吴焕先，政治委员王平章。重建后的红二十五军，辖两个师：原二十七师改编为七十四师，师长徐海东，政委戴季英，原七十五师番号不变，师长姚家方，政委高敬亭。全军约七千余人。

吴焕先每天都奔走于每个师、团、营、连，亲自检查和安排军事技术训练。每到一地，都将指战员们集合起来，慷慨激昂地鼓动一番："同志们，我们红二十五军的战斗任务，就是坚持武装斗争，坚决保卫革命根据地！以大别山为中心的鄂豫皖根据地，是无数先烈用生命换来的，以鲜血染红的，战则存，不战则亡，我们一定要以百倍的战斗勇气，争取到最后胜利！无论怎么艰难困苦，流血牺牲，鄂豫皖根据地不能丢，大别山的红旗不能倒！"火一般炽烈的思想动员，把每个指战员的战斗情绪鼓舞起来，全军上下都拧成一股劲儿，掀起了练兵热潮。

1933年2月初，正是过元宵节的时候，吴焕先忽然得到一个意外情报：原驻信阳地区铁路沿线之敌三十五师马鸿逵部，调至光山县新集（此时为经扶县城）驻防，充当了"清剿"鄂东北苏区的急先锋。3月4日，该师一〇三旅二〇五团、一〇四旅二〇七团，继而又进驻郭家河，接替了敌八十九师的防务。吴焕先根据这一敌情变化，马上找到省委领导，认真分析了敌我兵力情况，决心乘其孤军深入，人地生疏而又立定未稳之际，集中全军两个师（四个团）的优势兵力消灭该敌。省委十分赞成他所提出的作战行动。

3月6日拂晓，以徐海东七十四师为主攻的郭家河战斗，准时在羊人岩高地上打响了。歼敌一个营以后，红军即以夹击合围之势，迅速冲向郭家河街头，将敌分割开来，就地予以围歼。敌人顿时乱作一团，官兵各自不能相顾，四下里抱头鼠窜。几股仓皇逃走的敌人，随后也被地方武装、游击队和手持锄头扁担的群众，全部予以截获缴械。此战，我军仅以三十余人的伤亡代价，将敌两个团全部歼灭，毙伤敌数百余人，俘敌团长马鸣池以下官兵两千余名，缴获山炮一门、迫击炮八门，机枪十二挺，长短枪两千余支，骡马百余匹。郭家河首战告捷! 这一极其出色的歼灭战，已作为成功的战斗范例，载入中国工农红军第二十五军的战斗史册。

战斗结束以后，郭家河街头顿时沸腾起来。这个地处新集、七里坪与宣化店之间的山中小镇，原来也是根据地的中心区域，很早就建立起苏维埃政权。然而，这个山清水秀的河湾小镇，自从被敌人占领以后，完全被抢劫一空，许多店铺的门窗都给扒掉，居民院落也变成敌人的骡马大圈，街面上到处都是骡马粪便、鸡毛鸡爪、啃吃过的肉骨头。河边上，敌人宰剩下的牛角、牛蹄子及下水，也是狼藉满地，污秽不堪。

听说红军收复了郭家河，老百姓从四面八方纷纷而来，街道上人山人海，挤得水泄不通。有不少跑反在外的农民群众，都不约而同地集合起来，怒不可遏地闯入俘虏群里，要敌人赔偿损失。春耕眼看就要开始了，许多农民的耕牛，都被敌人宰杀了，老百姓无不咬牙切齿，恨之入骨。

吴焕先对群众做了一番解释工作，晓以政策纪律的重要性，这才平息了一场风波。趁此机会，吴焕先对两千多名俘虏官兵，当场进行了一番教育。他叫部队把敌人所宰下的耕牛角、蹄子，全都从河边拣了回来，堆在讲台的一角，向俘虏们大声讲道："三十五师的官兵们，你们都睁开眼睛看看，数一数杀了多少耕牛？你们才来两天，就杀掉二三十头耕牛，长此下去，还有老百姓的活路吗？老百姓痛恨你们，打骂你们一伙当官的，都是因为你们没有一点人性，造孽太深，天理不容！老百姓叫你们赔偿损失，完全是应当的，就是把你们几个当官的千刀万剐，也解不了老百姓的心头之恨！今天，若不是红军纪律严明，老百姓会把你们砸成肉泥，用唾沫星子喷死！"他缓了口气儿又说："听说你们这个三十五师，是从西北宁夏一带开来的，路程很远很远……是啊，你们能够开出潼关，为什么不去山海关攻打日本人？你们出了潼关，偏又开到大别山攻打红军，红军跟你们井水不犯河水的，到底是为了什么？你们都捂着胸口想想，还有没有中国人的良心？"

接着，吴焕先又亮着嗓门讲道：

"老实告诉你们，红军对待你们还是有所区别的，首先保证你们的生命安全，能够优待的尽量优待！你们的去留问题，我们也将很快做出决定。可是，我也要警告你们，从今往后，不要再为蒋介石卖命，哪个胆敢继续作恶，与红军为敌，绝没有好下场！"

→ 风云突变

4月初，红二十五军再次转移到麻城以北的大畈时，红二十八军（又称八十二师）也由皖西北转战而来。两军会合以后，省委于4月8日决定将红二十八军（八十二师）编入红二十五军建制，组成七十三师，廖荣坤为副军长兼七十三师师长。由于王平章政委在皖西作战中壮烈牺牲，决定由戴季英担任红二十五军政治委员（兼七十四师政委）。全军共一万余人。

扩编后的红二十五军，继续采取"飘忽的游击战略"，寻机打击孤立或薄弱之敌。4月15日，在潘家河痛击敌十三师的进攻，歼其七十八团及七十六团一部；18日，又在杨泗寨附近与敌三十一师四个团遭遇，先后激战两次，给敌人以沉重打击。该师在战报中自供伤亡团长两名、营长六名、连排长三十余名、士兵三百余名。经过五个月的作战，红二十五军这支组建不久的部队，已成为坚持鄂豫皖根据地斗争的新的主力红军。

5月2日夜晚，吴焕先率部进入作战阵地。由于兵力不足，无法实行四面包围，只能占据七里坪以东以北的几处高地，形成半边包围的威逼之势。对于七里坪以南通往红安县城的公路，以西通往华家河的道路，都没有足够兵力加以控制，敌人照样通行无阻。按照省委的意图，能够把敌人逼走就是胜利！

进入阵地后，部队还在构筑工事，敌人即向七十三师前沿阵地发起进攻，经过几番激战，终将敌人打退。此后，红军数次向敌前沿阵地勇猛进攻，均未能占领敌人阵地，也无法向七里坪逼近。在此期间，敌八十九师由黄安县（后改红安县）城开抵七里坪，形势越加严重。5月21日夜，我军以七十四师和七十五师的两个团，再次袭击小悟仙山，当时占领了敌前沿阵地。次日拂晓，敌八十九师两个团在强大火力掩护下，遂又向我猛攻反扑，我军被迫撤回。此后，即与敌形成阵地对峙状态。

整整二十天了，进攻不成，撤退不能，胜利的希望十分渺茫，部队反倒陷入不可自拔的境地。这种不自量力的阵地战，就其兵力配置而言，也如同强拉橡皮筋一般，为了扩大包围区域，兵力火力都分布过宽，难以对敌实行重点突破。所以形成这种半边包围的威逼态势，完全是错误作战方针的必然产物。

历时四十三天的七里坪之围，无论怎么"骑虎难下"，省委也不得不忍痛作出最后的决定——撤围！

部队围七里坪之时，驻扎在新集以南的反动民团不断向箭场河一带侵犯，强迫好几个村子插了"白旗"。已经黄熟了的青稞，大都被敌人放火烧了，青稞没了指望。吴焕先的妻子曹干先跑反到了甘渣岗一带，就在这收割小麦的时候，她饿死在甘渣岗，被一个放羊娃儿发现，吴焕先等人闻讯赶到。

就在这最后离别之际，看着没有一丝儿血色的容颜，吴焕先从来都不肯轻弹的泪珠，吧嗒吧嗒地滚落在地。

没有棺材，没有寿衣，就那么一身衣服鞋袜，穿戴于人间，埋葬于阴间。吴焕先心里是羞愧的，无奈把一条缴获的军毯拿了出来，紧紧裹住妻子的遗体。

临走时，吴焕先又掐了几束野菜，裹着几朵盛开的蒲公英，供在妻子的墓前。这，也是他唯一能够做到的事，借以告慰妻子的英灵——那一颗苦难凄惶的心！

省委7月1日、2日在太平寨的周家祠堂，召开了省委常委会议和第二次扩大会议。常委会议上，决定"积蓄粮食计划之未能实行，将影响到红二十五军不能打破敌人新的进攻，决定无论如何准备一月之粮"。因此，吴焕先马上就带着筹备"一月之粮"的紧急任务，匆忙地返回到部队驻地福田河，亲自进行安排布置。无论战局怎么发展变化，部队总是要吃粮的，七里坪之围就是铁的例证！

七里坪之围，作为历史悲剧的一场序幕，也许由于刚刚揭开，省委还意识不到这个严重现实的预兆，或是面对敌人新的进攻企图，暂时也来不及进行深刻反省。

7月11日，敌五十四师一六二旅两个团，突然向福田河地区进犯。吴焕先指挥红二十五军和皖西红八十二师，于黄土岗一带抗击敌人，将来犯之敌全部击溃，毙其旅长郭子权。战后，他根据省委指示精神，抓紧整编了部队。由于七里坪战役期间减员过多，决定撤销七十三师番号，补充加强了七十四师和七十五师。这时，全军两个师共六个团，约六千余人。

与此同时，郭述申带领的红八十二师，也奉命返回皖西北地区。临别时，吴焕先和郭述申都紧紧拉着对方的手，依依不舍地互相嘱咐："一路胜利，胜利！""后会有期，有期！"

7月中旬，以刘镇华为首的"豫鄂皖剿匪总司令部"，由潢川移至新集（经扶县城），向鄂豫皖根据地发起了第五次"围剿"。敌人"围剿"的总兵力为十四个师又四个独立旅，共十万余人，而用于鄂东北的兵力就有八个师又四个旅。鄂东北是敌人"围剿"的重点区域，刘镇华亲自指挥各路大军分进合击，妄图一举消灭红军，彻底摧毁革命根据地，局势极为严重。

面对敌人的第五次"围剿"，省委虽然也看到"刘镇华来了以后，正在极力设法布置新的进攻"，但是并没有认识到这就是对鄂豫皖边区的第五次"围剿"，而认为这个新的进攻是以"破坏苏区秋收为主要目的"的。于是便提出了"完全保障秋收"的战略任务。省委由于反对张国焘的逃跑主义，而走向另外一个极端："死守"和"与土地共存亡"！

敌人"围剿"开始时，吴焕先带领红二十五军，仍在福田河地区加紧筹粮。7月18日，刘镇华的六十五师由北向南大举进攻，直逼省委驻地太平寨。省委一面命令两个独立师等地方武装，从正面阻击敌人进攻，一面命令红二十五军立即赶回太平寨，坚决保卫中心苏区。20日，红二十五军奉命到达太平寨以后，即在王家湾附近与敌六十五师一九五旅展开激战，杀伤敌七八百人，击伤敌旅长马祺臻。但未能将敌人击退。22日，敌三十师突然占领长冲，并向枟树岗地区进犯。在此危急时刻，红二十五军又奉命调头南下，抢占长冲以东的光宇山阵地，阻击敌三十师的进攻。经过几次激战，毙伤敌四百余名，也未能将敌人击退。几天之内，部队忽北忽南疲于奔命，两头设防抵御，首尾难以相顾，鄂东北境内的几块中心区域，大都被敌人所占领，根据地危在旦夕！尤为严重的是，好容易筹备下的一点粮食，这时已吃光耗尽。因为粮食断绝，部队又不得不转向麻城以北地区，首先解决吃粮问题。

盛产粮食的福田河，到了山穷水尽的地步。无奈只能奔走于东西两面的山湾村寨，向老百姓筹得一些吃的，暂时填填肚皮而已。部队在西面的齐头山、纯阳山、干河冲等地，倒是筹得少量的麦豆杂粮，因为缺少碾子石磨，仅凭老百姓家中的几个石臼，实在也难以维持。大多数连队都是煮吃麦豆，连皮壳都不曾脱去。有的连队弄到一点儿小麦，又没有铁锅蒸煮，就找来几口瓷缸，就地架火炉煮。麦粒刚刚膨胀开来，还等不到完全熟烂，瓷缸"嘣"地一声炸裂了，再也难以收拾。战士们只好吃那半生不熟的麦粒儿。许多同志消化不良。加之部队多在高山野外露宿，白天烈日暴晒，晚间寒冷袭人，雷雨又多，患病者与日俱增。

因为打粮而造成的战斗伤亡、失散和掉队的减员人数也越来越多。

8月中旬，刘镇华以三个师的兵力，再次向红军发起围攻。这时，红二十五军已经到了无路可退的地步，不得不向北面的太平寨实行转移。一路上，与敌英勇奋战，浴血苦斗，多次打退敌人的前堵后追，才转移到了太平寨。谁知，部队到达太平寨以后，未及缓口气儿，敌人很快又合围而来。无奈又被迫向东转移，再次来到福田河附近。8月26日夜晚，经由福田河以南的松子岭、张家店之间，越过潢（川）麻（城）公路，"不得已遂向亲区行动，割谷打粮，休养士卒及干部，而图再举"！

过了潢麻公路以后，边行军、边作战、边打粮吃的情景，也是够凄惶的了。因为途经之地，稻谷大都没有成熟，筹粮仍很困难。直到皖西北边界时，经与皖西北道委接头联系之后，得知"南溪一带谷子大半成熟了，红军去不愁粮食"，遂决定红二十五军暂时到皖西北苏区行动。

这时的皖西北革命根据地，虽然也处于敌人的重兵"围剿"之下，但仍保留着一块方圆百余里的地盘，汤家汇、双河山、南溪等几座互为依托的中心集镇，依旧在我方手中。根据地境内，群众情绪稳定，粮食也比较充足。

9月10日，刘镇华以包括皖西北敌军在内的总共五个师又两个旅，从四面八方向汤家汇、双河山、南溪等地大举进犯，合围红二十五军。经过几番苦战之后，红军主力难以扭转危局，只得于23日撤出根据地，被迫向南转移。前后才十几天时间，敌人就占领了双河山、汤家汇、南溪等地，皖西北根据地几座重要乡镇，亦陷入敌手！

9月26日，于大埠口附近召开了省委紧急会议。省委根据当时情况，决定红二十五军立即返回鄂东北，红八十二师继续留在皖西北地区，坚持武装斗争。会后，红二十五军又一次进行了整编，经过两个多月的艰苦转战，兵员又损失过半，全军两个师只剩下三千余人。

针对这一严重的现实状况，吴焕先也很痛心。先后两次缩编队伍的场面，都使他感到触目惊心，悲痛至极。就剩下这么一点兵力，又一次踏上奔赴鄂东北的坎坷征途。仓促而又被动的皖西北之行，最终也没有达到预计的目的，不得不转向鄂东北根据地。

到达鄂东北道委驻地以后，10月16日，省委在紫云寨召开了第三次扩大会议。这次会议，原来准备全面检查省委的斗争方针，认真总结和吸取经验教训，作出今后斗争的政治决议案和党、苏维埃、红军、群众工作等专题决议案。由于敌人的进攻，会议只开了一天半，就仓促结束，原定计划未能实现。

10月19日，敌人即以七个团的重兵，向紫云寨发起进攻。红二十五军和地方武装一起，与敌恶战一天，掩护党政机关和群众趁夜突出包围。随后，便经由大小坳口、灯笼山、平头岭等地，被迫向老君山天台山撤退转移。

逼上老君山的途中，吴焕先带领的军部特务营和七十五师二二四团，一路上边走边战，奔走在前。就在这一次比一次更为惨痛的时刻，一个又一个的口头"急报"，接连不断地传到吴焕先的耳朵里。如同报丧一般的战斗噩耗，比起七年前敌人"血洗全家"，他的父亲、大哥、二哥、五弟、大嫂和小侄儿遭受戮杀的情景，更使他感到惊心不安。"急报"如下：

七十三师二一七团在姚家寨地区与敌四个团辗转苦战，大部壮烈牺牲，最后剩下的几十人，仓皇突围以后，直奔天台山而去！

随该团行动的七十三师政委王少卿被俘叛变……

七十五师二二五团与敌连续几次恶战，也伤亡减员过半。随该团行动的七十五师师长周希远，图谋率部投敌，幸被该团二营政委李世煌及时发现，将其当场捕获处决！该团剩下为数不多的零散人员，也都奔上了天台山……

吴焕先听到这些消息后，脸色变得铁青，两只眼睛红红的，他哭都哭不出眼泪来了。

11月4日夜，吴焕先第一次采取奇袭手段，带部队占领了老君山以西的敌军据点黄陂站，缴获一批给养物资。接着，他又带领几个连队，以极其神速的游击行动，飘忽于老君山以东五六十里之外的地方，经由箭场河、太平寨等地，转到麻城以北的杨泗寨、西高山地区，积极开展游击活动。

从牛冲到卡房只不过十几里路程，一翻过西面的铁寨岗，老远就看到卡房街头的一座小戏楼。中共鄂东北道委书记郑位三当时就住在这里，一面坚持对敌斗争，一面集中训练便衣队骨干，积极开展便衣队活动。

兴起于鄂东北根据地的便衣队，起初多以地方区、乡干部为核心，吸收党员和群众自动组织起来，少则三五人一组，多则十几人一队，携带短枪或刀矛等武器，利用夜间袭扰敌人，捕杀反动分子，积极开展对敌斗争。由于熟悉本地情况，人员精干，行动灵活秘密，敌人也难以对付。郑位三发现了这种灵活的对敌斗争形式，并及时加以推广，给予正确指导。为适应当时的斗争环境，使便衣队在各地很快发展起来，他接连举办了几次训练班，培训斗争骨干。他在总结经验的基础上，为便衣队制定了一整套斗争方针和策略，强调首先要做好群众工作。这样，就使便衣队逐步发展成为党、政、军三位一体的武装工作队。便衣队在极端困难的条件下，侦察敌情，传送情报，分化瓦解敌人营垒，建立统战关系，镇压罪大恶极的反动分子，摧毁反动的保甲组织和民团据点，积极开展群众工作，筹集粮食衣物，支援红军作战，安置和掩护伤病人员，恢复并发展党与群众的秘密组织，同时也帮助群众解决实际困难，优待抚恤红军家属，帮助恢复生产，使群众增强了斗争信心，感到有了靠山。便衣队所坚持活动的每一个区域，实际上就是一小块游击根据地，群众都把便衣队当做"没有挂牌子的苏维埃政府"！

为保持与省委的联系，及时交流情况，吴焕先当天就带领队伍赶到卡房。

→ 飘忽的游击

便衣队运动蓬勃发展起来以后，白天多坚持在深山老林之中，或隐蔽在敌人占领区域插了"白旗"的群众家里，夜晚则神出鬼没，活动十分频繁，搞得敌人惶惶不安。这一时期，有的便衣队逐步发展为游击队、战斗连队，有的便衣队也自动串联起来，互相配合作战，消灭过数十人的成股民团。红军主力的游击活动与群众性的对敌斗争，逐渐地聚集起来。吴焕先当时也从部队中抽调了几十名富有斗争经验、能够掌握政策、善于做群众工作的党员骨干，补充到各地的便衣队。与此同时，他还在部队经常行动的几处游击区域、岔路口、乡镇附近，建立和安排了几支便衣队，以配合部队的战斗行动。红二十五军手枪团的组织建制，就是仿照便衣队的活动方式，在这个时候逐步建立起来的。手枪团的建立及其在作战中所起的重要作用，则是吴焕先在红二十五军中的一个创举！

1934年1月15日（农历癸酉年腊月初一），敌三十二师、四十四师抽调了三个团的兵力，分三路向仰天窝发起围攻。敌人的来势相当凶猛，声言要在腊月间把红军"剿灭"干净，好收兵回营共贺新年！匪兵们所到之处，一窝蜂似的大喊大叫："消灭吴焕先，过年也心安！"

当天，部队想要摆脱敌人已经来不及了。吴焕先当机立断指挥几个连队，抢占有利地形，英勇抗击敌人。打退敌人多次攻击之后，天也黑了，这才从仰天窝突围出来，转到老君山以南地区。谁知敌人全都精减了行装，每人只带几天干粮，紧紧跟随而来……与此同时，敌人又调动华家河、吕王城、宣化店等地驻军，从四面实行围追堵截。经过数日苦战，红军都难以打退敌人的围攻，无奈又一次转到仰天窝以北山地，与敌人进行周旋。

21日，敌人又以四个多团的兵力，向红军发起猛烈攻击。黄昏，敌人的攻势减弱了，吴焕先忙把营以上指挥员召集起来，决定趁夜晚突出重围。吴焕先也顾不得多加解释，只是把突围的方向、路线以及集合地点，具体作了一番安排。随后就叫高敬亭带一个营向西运动，瞅准敌人的空隙地带，先行突围，为后续部队杀开一条血路。于是，大家都按照统一部署分头行动起来。

在此危急关头，吴焕先则带领军部交通队，总共也不过一个排的兵力，担任后卫掩护任务。这时，他指挥交通队抢占了北面的一座高地，跟敌人对抗了一阵，把周围几股放火烧山的敌人全都吸引过来。打退敌人几次猛扑之后，部队已向西突围而去，吴焕先这才按照约定的会合地点，与交通队一起分散突围。然而，他们已陷入重重包围之中，与敌人相互搅在一起，厮杀混战。蜂拥般直扑而来的敌人，四下里大喊大叫："抓活的，快抓活的！""谁抓住一个共党，赏给两块大洋！""抓住了吴焕先，赏给大洋两千！"浓烟烈火之中，到处都是一片声嘶力竭的嚎叫声……

吴焕先身上裹着一件黑呢子大氅，手里拎着一把手枪，目标显得十分突出，敌人更是拼命地追捕着，就在这危急时刻，吴焕先领着一班战士，奋不顾身地穿过一片黑烟缭绕的火海，在团团烟雾的遮掩之下夺路而去。

谁知刚从浓烟烈火中闯了出来，斜刺里忽然又冒出几个敌人，朝着吴焕先猛扑而来。有个手疾眼快的家伙猛一把揪住了他的大氅，被他一个回头巴掌，就势掳了个嘴啃地。"他跑不了啦！快抓活的……"另外几个敌人连声吆喝着，眼看就追到了跟前，情势相当严重。这时，吴焕先急中生智，忙把身上的大氅甩掉，接着又把随身携带的一布袋银元，"嚓"地一下撕了开来，白花花撒落在地，逗引敌人去抢。几个紧紧追捕的敌人，都是些见钱眼红之徒，为了多抢到几块大洋，相互间又厮打争夺起来……

于是，吴焕先和他的警卫员姚小川、勤务员张海文，还有身边的一班战士，都脱险突出了重围。

天亮以后，吴焕先这才把部队集合起来，仔细清点了一下人数。除了战斗中牺牲的十几名同志以外，大都从浓烟烈火中突围出来。不少挂了彩的战士，都在各级领导的关怀下，及时赶到集合地点。仰天窝突围的前后经过，全体指战员心里都一清二楚，无不称赞军长的果断决定，英勇行为，危急时刻又一次保存了部队，摆脱了敌人。

第二天（1月23日），吴焕先带领队伍以极其神速的飘忽行动，一举攻入罗山边界的铁铺。24日，又一次占领三里城和大新店。25日，乘胜攻占双桥镇。三天之内，接连奇袭四座集镇，歼灭民团数股，缴获了一大批粮食、物资和武器弹药。

这一年的新春佳节，吴焕先所领导的红军队伍，搞得敌人四下告急，很不安宁。

3月中旬，红军第三次打下三里城，歼灭守敌第四十四师一个连。

3月21日，吴焕先以他和高敬亭的名义，于三里城向党中央写了一份书面报告,交由河南省委交通员呈报中央。开头是这样写的：

"……这次，我带红七十五师一团人到三里城来游击，恰遇河南省委转来中央军委关于鄂豫皖苏区战争经验的研究及今后作战的建议，因我军事行动仓忙不及等待，又因与中央联系困难，特就个人名义将我区近况作一简单报告……"将近两千字的一份报告，着重讲了三个方面的情况：一是敌情动态，二是红军的作战行动和策略，三是省委的组织领导状况，一再"望中央速派一军事干部"。有关红军的作战行动，他毫不隐讳地写下这样几句："现在的行动是飘忽的，完全是游击动作"；"敌人每师中抽一团至一旅精锐部队，轻装挺进到处寻找红军，可是在我军最近飘忽行动之下，敌人处处受到打击牵制"；"最近打了敌人很多碉楼城寨，消灭十来个乡民团，缴了三十二师两连人的械……发动各地歼众分粮斗争"。报告的末尾，也很耐人寻味："队伍开差，不便多写。"这是吴焕先第一次写给党中央的见诸文字的历史真迹！

报告写成以后，吴焕先马上离开了三里城，转回天台山以北地区，向省委送交文件。因为党中央转发的文件里面，在谈到"今后作战的建议"时，提出了一个至关重要的战略方针问题，即"有战略的退却的试验计划"。鉴于鄂豫皖苏区的严重形势，为能够保全红军队伍，建议中提出红军主力可以实行战略退却，转向平汉铁路以西的桐柏山区，去创建新的苏区、新的革命根据地。为达到这一战略目的，建议中提出几条具体的设想措施之后，也讲到"这个计划只是试验性的，在目前形势下解决问题的一个样子"，"应把它当做一个规模，并不是执行的详细计划"；同时也还提道："我们不知道能否平安经过铁路地带而到西面去，路上不遇到最厉害的战争，我们这里也不能判断。所到的区域是不是真正适宜于新苏区，或者会有其他区域，那里的当地情势更有希望，那里的群众在某种程度上已经鼓动起来了，那里的敌军比较的不常活动，而比较容易打进去做破坏工作等等。鄂豫皖的同志，应当把这一切问题，仔细考虑比较，而自己规定一个计划，不必要死板地依靠上面所说的概略。"这一切都讲得十分明确，省委必须认真加以研究，做出新的决策。是啊，如此重大的战略行动计划，不是继续向敌人发动进攻，也不是厮守在根据地境内，而是实行战略退却，转向别处去创建新的革命根据地。这在当时"左"倾错误还在全党占着统治地位的情况下，也是个十分大胆果断而又带有根本转变性的设想!

这一时期，武装斗争的发展形势还是十分活跃的，除了红军主力飘忽游击以外，两块根据地各有一支地方独立团就地坚持对敌斗争。游击队和便衣队也遍及各地，活跃于敌人的占领区域，搞得有声有色，尽管如此，两块唯一能够坚持的根据地，仍然面临着一种难以摆脱的困境和无法改变的艰难局面，而要继续恢复和巩固原有的大片中心苏区，也实在是力所不及！

→ 反"围剿"

★★★★★

（27岁）

1934年3月，蒋介石任命张学良为"豫鄂皖三省剿总副总司令"，对日寇"绝对不得抵抗"的东北军，约有半数以上的兵力，这时也从华北一带调至鄂豫皖边区。4月中旬，东北军第一〇五、一〇七、一〇八、一〇九、一一〇、一一一、一一五、一一七、一二〇等九个师，陆续开抵"围剿"区域。此时，猥集于鄂豫皖边区的敌军总兵力为十六个师又四个独立旅，共八十多个团，大有"黑云压城"之势！

在此时刻，鄂豫皖省委于4月10日召开常委会议，就红军主力实行战略退却和创建新区的问题，认真地进行了讨论。

吴焕先带领七十五师千余人，又一次穿越

潢麻公路，东去皖西北会合红二十八军。这一次穿越公路，说来也十分巧妙而又顺利，吴焕先采取了"昼伏夜动"的秘密行动，神不知鬼不觉地迂回了一百多里，直插到公路附近，同时又利用东北军布防尚未就绪的有利时机，出其不意地穿过公路。4月16日，两支红军主力在商城县东南方向的豹子岩胜利会合在一起。时隔半年之后，被敌人分割于鄂东北、皖西北两地的吴焕先与徐海东，又一次在皖西北根据地会面了。坚持在皖西北根据地的红二十八军，这半年也打了不少的胜仗，仅就葛藤山一次战斗，就毙伤俘敌一千余人，活捉敌五十四师一六一旅旅长刘树春。

可是，省委原来所料想不到的事，这时也摆到了吴焕先的面前：决定担任军长的刘得利，在两个多月之前的一次战斗中，身负重伤后光荣牺牲。经过再三考虑，大家一致推举由徐海东担任军长。

6月中旬，部队转入开辟边沿新区的时候，吴焕先为了健全各级政治委员制度，增强党对部队的政治思想领导，很快就提拔了一批政治工作干部。常玉清、陈先瑞、田守尧、陈锦秀、刘幼安（刘震）等一批共产党员，先后都担任了营政委、连指导员，逐渐形成一茬强有力的基层政治工作骨干。这时，包括他在内的各级政治委员，全都深入到各个连队，埋头从事实际而又具体的政治工作。省委提出的"政治工作到连队去"的口号，就是他们借以克服不切实际的工作方式、努力改变政治工作者形象的行动准则！这一时期，每个连队普遍都进行了"怎样组织和武装群众"、"怎样分配土地"的教育，全军指战员大都参加了发动群众、开辟新区的工作。

这一时期，前后也只有一个多月，红二十五军就在朱堂店至铁铺一带，恢复和开辟了一块南北长六十余里、东西宽四十余里的根据地，建立了区、乡、村基层政权，发动群众分配了土地，并成立了地方游击队、赤卫军和便衣队，扩大红军八十余人。这一块革命根据地的形成，即成为罗山、黄陂、孝感交界特区委（即临时县委）和独立团的所在地，随后也是红二十五军实行长征的出发地。

就在这一时期，吴焕先也建立健全了军政治部机关，成立了一支队伍精干的宣传队，唱歌演戏，刷写标语，喊口号鼓舞士气，并兼做发动群众和瓦解敌军工作。此外，每个连队都建立健全了党、团支部组织和红色战士委员会，并建立了以群众工作为主的宣传小组。每个宣传小组有三五人不等，多由指导员兼任领导。主要任务是：开展群众工作，进行社会调查，扩大红军队伍，检查群众纪律。这四项任务所涉及到的政策内容以及工作方式方法之类问题，吴焕先都具体作了规定。

与此同时，也加强了对敌军的瓦解工作，军政治部印刷了《哗变士兵招待条例》，并在靠近敌军的边沿区域路口，设立了"哗变士兵招待处"，或派俘虏兵回去散发传单，或派便衣队秘密张贴标语，或派地方部队向敌人喊话鼓动，都搞得十分活跃。甚至还给驻扎光山县的第六十七军军长王以哲将军，捎去红军的传单和标语口号。"东北军最易接受宣传，尤其是反日宣传。白色士兵开小差的，各部匪军中天天都有，以东北军为最多。哗变到我方来的前后共计数十人，都是东北军。

张学良制定了一个从7月1日到10月10日的"围剿"计划，使用了十五个师又三个独立旅的兵力，其方针是"一面划区清剿，一面无限制地用竭泽而渔之方，作一网打尽之图"。敌人将鄂豫皖地区划分为六个"驻剿区"、一个"护路区"（平汉铁路），并以两个师又六个团组成四个"追击队"，对红军主力实行跟踪追击。敌人声言要在三个月之内，将红军"完全扑灭，永绝后患，彻底肃清，以竟全功"。

7月12日，敌一一五师姚东藩部、一一七师吴克仁部，协同护路部队一〇五师刘多荃部一部，从东西两面向朱堂店地区大举进犯。红军主力为避敌锋芒，掌握主动，即由朱堂店向铁铺以东地区实行转移。红二十五军经由殷家冲转移的途中，于17日早晨到达长岭岗附近，发现敌一一五师两个团夜晚就盘踞在岭上，早晨一起来便架起几门迫击炮，朝四下盲目轰击，几顶黑色帐篷也未及拆除，戒备十分疏忽。徐海东马上与吴焕先作了研究，决定抓住有利战机，歼灭该敌。长岭岗是一条孤岭，地形比较狭窄，敌人只不过是夜间借以宿营，并无工事可守。战斗打响后，两处连哨即刻被红军连窝端掉，长岭岗很快也被拦腰突破，敌人首尾不能相顾，顿时乱作一团。这时，活动在附近的地方武装独立团（又称西路军）和游击队，也赶来配合红军主力作战。满山遍野红旗招展，号声震天，喊杀声响成一片。军政治部拟定的战场喊话口号，这时也变作强有力的催化剂，从四面八方喊了起来：

"缴枪不杀！红军优待奉军兄弟……"

"中国人不打中国人！"

"奉军兄弟们，赶快缴枪吧！"

"调转枪口，收回东北失地！"

在红军几面夹击和强有力的政治攻势下，敌军纷纷夺路逃窜。红军乘胜追击，拦路截获部分逃跑之敌。

长岭岗一仗，给了东北军当头一棒！敌一一五师六四三、六四四两个团，遭到歼灭性的打击。战后，该师残部即调往孝感休整，师长姚东藩亦被撤职。两年之后，张学良仍念念不忘此事，说二十五师在湖北一伸手，"姚二愣"就垮了！

战斗中总共抓得四百多名俘虏。吴焕先这时又发动各级政治委员和连指导员，采取灵活多样的方式，分别对俘虏兵进行说服教育，晓以民族大义，使其能够为红军服务。随后又留下一大批东北军士兵，其余的全部发给路费，予以释放。战斗中缴获的捷克式轻机枪一百二十多挺，步马枪八百余支，也大大改善了部队的武器装备。好几个营换上了一式的步马枪。不少的战斗连队，都配备到九挺轻机枪，平均每个班一挺。全军上下战斗情绪都十分旺盛。多打胜仗多缴枪，对于改善劣势条件下的红军队伍，确实具有一种神奇的魔力!

8月中旬,红二十五军到达皖西北地区的熊家河,即回旋活动于商城、六安、英山之间的广大区域。其间,摧毁了不少的民团堡垒围寨。8月25日,于独山郝集打退敌十一路军独立旅的进攻,毙伤俘敌五百余人,缴枪三百多支及大批军用物资。

之后,红二十五军即遵照省委的决定,转到太湖与英山交界的陶家河地区。这时,全军两个师分别展开活动:军长徐海东率七十四师南下蕲春县张家榜一带,担任警戒掩护任务,军政委吴焕先则率领七十五师,就近在陶家河四周乡村,广泛开展群众工作,创建新的革命根据地。经过一个多月的努力,很快就开辟了一小块新的区域,使部队有了立足之地。这一时期,先后成立了陶家河区委和两个乡政权,镇压了罪大恶极的反动分子,为贫苦群众分配了土地。

为继续加紧对鄂豫皖边区的"围剿",张学良遂于10月初又一次调整加强了"追剿"部队的兵力,将原来的四个"追击队"改编为"豫鄂皖三省追剿队",下辖五个支队(总共十六个团),由上官云相担任总指挥。

10月10日,是中国辛亥革命纪念日,也是张学良三个月"围剿"计划的最后一天。驻扎在鄂豫皖边区的十六个师(包括一二九师)又四个独立旅的军事长官们,都雄心勃勃地期待着"双十节"的到来,好举杯相庆,"以竟全功"!然而,恰好就在这一天,鄂豫皖省委于红二十五军的驻地陶家河,及时发布了一份《为粉碎五次"围剿"告劳苦群众书》,其中有这样几句号召性的口号:

"只有坚决斗争才是我们劳苦群众唯一的正确出路!"

"只有参加红军才是打倒帝国主义、国民党统治的顶好办法!"

"只有苏维埃才能够救中国!"

"只有中国共产党才是中国革命的唯一领导者!"

10月下旬,当敌人集中三个"追剿"支队,向陶家河地区蜂拥而来时,省委和红二十五军很快又撤离这一地区。经过两次激战后,遂又转而北上,飘忽于南溪的葛藤山一带……

至此,张学良的三个月"围剿"计划,实际上已宣告破产。

然而,红二十五军眼下要奔赴鄂东北,敌人严密封锁,沿途艰难险阻,难以穿插突破。

徐海东和吴焕先当时就看准了这种"势在必打"的情势,定下了"以打取胜"的决心,与敌人决一死战! 他们一面命令七十四师三个营坚决扼守斛山寨高地,牵制和消耗敌人两个"追剿"支队的正面进攻,一面采取灵活的迂回穿插战术,抄袭敌一〇七师、一一七师的侧后,各个击破敌人的进攻。

战斗从早晨打到黄昏,终以"打"赢得了"走"的可能,变被动为主动,扭转了危急局面。这次战斗,总共毙伤俘敌四千余人,红军亦伤亡数百人。部队打扫过战场以后,当即释放了全部俘虏,减少了不必要的麻烦,得以继续行军赶路。

进入鄂东北境内，接连又奔走了一天一夜，到达光山县以西的花山寨，这才与鄂东北道委相遇。至此，终于完成了奔赴鄂东北的紧急任务。这是多么艰苦卓绝的一段路程啊！

　　为争取迅速、突然地实行战略转移，红二十五军即西移罗山县殷家冲、何家冲一带，加紧进行出发前的准备工作。有关政治动员方面的事，吴焕先根据省委的行动意图，只是向指战员讲了讲当前的斗争形势，提出两个明确而又巧妙、同时也不至于泄露军事秘密的动员口号：一是"打远游击"，二是"创建新苏区"！

征途上

(1934—1935)

→ 转战于中原大地

★★★★★

（27岁）

　　1934年11月16日，中国工农红军第二十五军，高举"中国工农红军北上抗日第二先遣队"的旗帜，由河南省罗山县何家冲出发西进……

　　红二十五军的长征从此开始。

　　这时，敌人判断红二十五军有"西窜入川"之企图。蒋介石急令"追剿队"五个支队跟踪追击，并令驻河南省南阳、泌阳、方城等地第四十军庞炳勋部、驻湖北老河口（光化）第四十四师肖之楚部，迎头实行堵截，阻我西进。敌人妄图以三十多个团的绝对优势兵力，趁我孤军远出之际，一举包围而歼灭之。红二十五军刚刚踏上新的征途，就面临着一个严重局面！

　　为了隐蔽北上意图，迷惑和调动敌人，红

二十五军继续西进，直抵桐柏县城以西五十里的洪仪河、太白岭、界牌口一带，并派少数部队佯攻湖北枣阳县城。这一出其不意之行动，果然吸引了各路围追堵截之敌，纷纷向枣阳一带靠拢集中。正当敌人妄图将我军聚歼于枣阳地区之时，我军突然于22日从枣阳县城以北的韩庄掉头东去，沿途击退敌"追剿队"第五支队的阻拦，然后转向东北前进。这时，敌四十军两个步兵旅、一个骑兵师，均由北面推进到新野、唐河、赊旗镇等地，堵住了北上伏牛山区的道路。军领导遂决定绕道泌阳城东，经由象河关转向西北，越过许（昌）南（阳）公路，向伏牛山前进！

11月23日，红二十五军在桐柏以西的歇马岭一带，击退敌"追剿队"第二支队的进攻。部队一进入平原地带，就不时遭到围寨武装的骚扰阻拦，行动比较缓慢。每路过一座围寨，都有零星伤亡。面对地主武装盘踞的"拦路虎"，攻又不易攻破，过又不便通过，即使绕道而行，也难摆脱冷枪冷炮的骚扰。军领导谁也不曾想到，这中原大地的村落围寨，竟然密如蛛网，每一座武装据守的围寨，都成为前进路上的障碍物、不可随意逾越的平原堡垒！

从马谷田附近路过时，吴焕先根据省委领导的指示精神，亲自到各团召集连以上干部会议，宣讲有关政策和注意事项。每一次会上，他都拿着一张"出发宣言"，从头到尾念上一遍，当众讲道："钟不敲不响，灯不拨不亮。现在，我们就是要举起北上抗日的大旗，广泛散发我们的出发宣言，宣传党的抗日救国主张，指出民族危机的深重，号召一切不愿做亡国奴的中国人，不分政治倾向，把枪口一致对外！对于每个围寨的封建武装势力，全军上下都

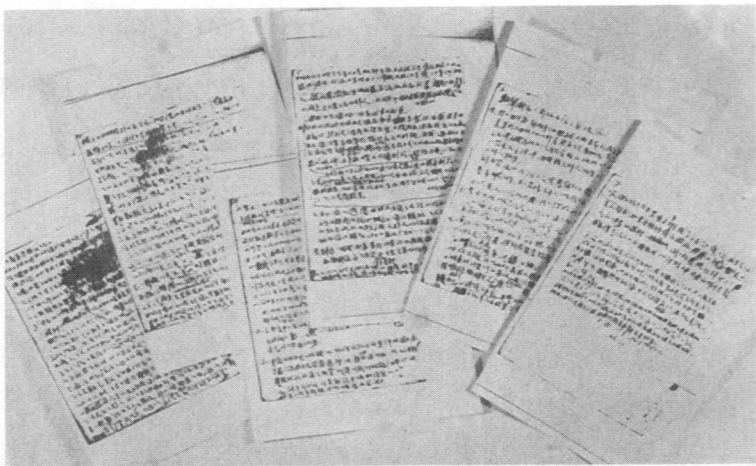

△ 吴焕先在长征中写给郑位三、陈先瑞等同志的指示信

要开展政治攻势，晓以民族大义，好为我们让开一条通路。各级领导一定要严格掌握部队，不要随便发动进攻围寨，即使受到火力阻拦，也不可多加纠缠。因为时间紧迫，前有堵敌，后有追兵，我们纠缠不得，也耽误不得！"

11月25日，我军经过两天的紧急行军，很快到达象河关以北的土风园一带。当晚，敌"追剿队"第二支队也跟踪而至，并向土风园发动进攻。我军打退敌人进攻后，连夜又赶到以北的王店。第二天拂晓，敌"追剿队"主力又紧追而来，情势十分紧迫。

这时，我军距离许（昌）南（阳）公路只有五十余里，过了公路即可进入伏牛山东麓。为了争取时间穿过公路，军领导决定以二二四团、二二五团和直属机关分队，为前梯队先行出发，以二二三团为后梯队，占领王店和赵庄等地，阻击尾追之敌，掩护全军前进。然而，当前梯队到达方城县独树镇附近时，却又跟敌四十军庞炳勋部突然遭遇……

就在此时，红二十五军由桐柏山转而北上以后，庞炳勋即判断我军"似有经象河关及方城，叶县间独树镇、保安寨西窜企图"，"方城以北防务空虚，而匪又逃窜甚速，非大迂回不为功"，急忙又调整了兵力部署：一一五旅刘世荣部由唐河北返方城县之独树镇、七里岗、砚山铺一带，迎头进行堵击，驻叶县之骑兵团史振山部，南下保安寨等地配合堵击，一一六旅刘运通部由新野北上南召，阻止我军进入伏牛山区，骑兵第五师李福和部紧紧尾追在后。

26日这天，恰遇寒流降临，天气很冷，雨雪交加。我军指战员衣服都很单薄，况又被雨雪湿透，一路上饥寒交迫，行进十分艰难。许多同志的鞋袜，都被烂泥粘掉，以至赤脚行军。为了抢在敌人的前面，尽快穿过公路，全军指战员迎着凛冽的寒风，冒着刺骨的雨雪，挣扎在泥泞道上，一步不停地向前挺进，挺进！

午时，当我先头部队二二四团抵达方城县独树镇附近，准备由七里岗穿过公路时，敌四十军一一五旅和驻叶县之骑兵团，恰在两小时之前到达此地，并占领公路沿线的几座村庄，突然向我先头部队发起猛烈射击。因为雨雪交加，能见度很低，我先头部队发现敌人较迟，与敌突然遭遇时，许多指战员的手指都冻僵了，一时拉不开枪栓，以至被迫后撤。敌人则乘机发起冲击，并从两翼包围而来，情况十分险恶。此地荒郊野外，地形平坦，先头部队无所依托，难以抗击敌人的进攻，完全置于敌人的火力之下……

就在这时，有个贪生怕死之徒、外号叫"大金牙"的参谋主任，骑着一头大黑骡子，四下里仓皇奔逃，大喊大叫："我们被敌人包围了，公路过不去。大家伙儿……各自逃命吧！"霎时间，先头部队又一次乱了阵脚，就地抗击敌人的几个连队，当时也表现出不稳情绪，纷纷掉转头来，往后撤退。

"同志们！就地卧倒，卧倒！坚决顶住敌人，决不能后退！"也就在这个时候，面临覆灭命运的危急关头，只见一位雄姿英挺的青年骁将，骑着一匹栗色骡子，如同一束离弦之箭，飞也似的奔腾而来，向指战员们大喝几声，当机立断地稳住了部队。

他就是军政治委员吴焕先。在此紧急时刻，由于他及时赶上先头部队，坚决而果断地稳住濒于溃散的混乱局面，赢得了决定性的几分钟时间，使部队得以转危为安。这时，他又指挥身边的二二五团，就近利用地形地物，凭借几块坟地墓堆，顽强抗击敌人的冲击。战士们大多趴在泥泞地上，利用平原地带唯一能够作为依托的田埂、壕沟、坟墓堆，终于抵抗住两翼敌人的进攻。

在打退敌人骑兵的冲击之后，吴焕先马上又指挥两个团的兵力，乘机向敌人发起反击。他从交通队员身上抽出一把大刀，怒冲冲地举在面前，大声喊道："同志们，现在是生死存亡的关头，决不能后退！共产党员、共青团员们，都跟我来——冲啊！"遂带领部队冒着敌人密集的火力，奋不顾身地杀上前去，与敌人展开白刃搏斗。

战斗正在激烈进行时，徐海东带领的后梯队二二三团跑步赶

△ 长征中的吴焕先（左）与徐海东

到，立即投入战斗。经过一番恶战，终将敌人打退。接着，我主力团又向七里岗之敌发起冲击，试图打开一道缺口，乘机穿过公路。由于敌人的疯狂阻击，一连三次冲击，都没有成功。于是，军领导当即命令部队转而固守与敌对峙的几座村庄，并以反突击打退敌人的多次进攻。

天黑以后，全军很快又转移到杨楼一带，稍事休整。因为敌情严重，"追剿队"主力随后也紧追而来，军领导决定连夜突出重围。当晚，全军以极其神速的紧急行动，由地下党的同志帮助带路，从敌人封锁防线的间隙中穿插而过，绕道叶县保安寨以北的沈庄附近，穿过许（昌）南（阳）公路，直抵伏牛山东麓。

穿过公路以后，敌四十军骑兵第五师、步兵一一五旅和骑兵团很快又尾追而来，沿途实行追堵夹击。28日拂晓，我军又一次在拐河镇东北的沣河两岸接连打退敌人的追堵进攻，这才进入伏牛山中。

伏牛山，作为战略转移的第二个选定目标，终于得以实现。能够依托伏牛山，建立红军的立足点，当时也是省委领导成员的共同心愿，新的希望所在！

一路上，吴焕先不失时机地从事社会调查，多方了解当地的风土民情，积极开展群众工作。沿途的行军作战，多由程子华和徐海东负责指挥，吴焕先把他的心思和精力，全都集中在安抚群众、争取群众、发动群众方面。他说："红二十五军无论到了哪里，都得把革命影响带到那里。红军每到一地，首先要让老百姓晓得什么是红军，了解红军的宗旨、性质、任务和政策纪律……只有争取了老百姓，红军才有立足的可能、胜利的保证！"

伏牛山中的群众，对于外来的军队是憎恶的，也很对立。管你什么红军白军，都一概称之为"刀客"！

红军所到一乡一村，老百姓都逃之空空。因此，部队也只能就地而宿，很难接近群众，从事发动工作。

面对这种状况，曾经把老百姓奉之为"以民为天"的吴焕先，即使拥有回天之力，眼下也无可奈何。可他还是一如既往，严格要求部队遵守群众纪律，切实做好"见不着群众"的群众工作。

他再三强调："即使见不到一个老百姓，也要以红军的模范行动，给人留下一种良好影响。当地的老百姓，不了解什么是红军，我们就以红军的一举一动，使老百姓了解红军。雁过留声，人过留名。红军从此路过一回，绝不可给老百姓留下把柄，落下什么骂名！"

12月2日，红二十五军经由嵩县境内的车村、孙店、栗树街等地，进入当时归属卢氏县版图的栾川地区。

号称"十大连"的匪首李腾蛟，纠集各股地主武装势力，防守在庙子东面的十八盘，堵击红军队伍过境。军领导一得到这个情况，就把手枪团派了出去，连夜摸上十八盘，探明敌情动向。手枪团摸上山后，采取出奇制胜的奇袭手段，从侧翼插入敌人的纵深，把敌人打得稀乱。匪首李腾蛟所设下的堵击防线一触即溃，千余闻风丧胆的乌合之众，纷纷抱头鼠窜，作鸟兽散。第二天早晨，正当大部队继续向西进发时，手枪团已押着百十名俘虏，胜利而归。

当天，红二十五军进入栾川镇（今为栾川县城）。冷落的街面上，商户店铺、居民百姓，大都逃之一空，所能够见到的老弱病残者，也是寥寥无几。军直机关和作战部队都在栾川街头及周围村庄就地驻扎宿营。天黑以后，"内乡王"别廷芳的一干人马，由匪团长张中奇率领而来，与李腾蛟残部勾结在一起，四处进行骚扰活动。栾川附近的罗庄、北沟口、九里胡同等地全都布下匪兵，乘隙袭击红军。红军因为初次进驻栾川，得不到群众的帮助，耳目比较闭塞，天黑夜暗，地形生疏，也不便出动反击。夜里，从军直机关到作战部队，都处于紧张的战备状态。就连躺在担架上随军转战的省委书记徐宝珊，这时也是枕戈待旦，期望着这一夜很快过去，明天及早来到，部队好继续向西进发。

　　"追剿队"这三支主力，第一支队由郝梦龄部第五十四师一六一旅、一六二旅及师直属部队组成，第二支队由裴昌会部第四十七师一三九旅、一四一旅组成，第三支队则由五十四师一六〇旅与四十七师之二七七团混合编成。总计为五个旅十个团的兵力。该敌从鄂豫皖边区追了出来，经由桐柏山区、中州平原、沙河岸边，直抵伏牛山的腹地，一路都在跟踪穷追。五个旅十个团的兵力，黑云般地压到伏牛山内，红二十五军即使以伏牛山为依托，能够据险抗击尾追之敌，但没有当地群众的支持帮助，红军将寸步难行，别说与敌作战，饿都饿垮了。因此，省委预定在伏牛山创建根据地的战略意图，这时又不得不及时改变，而转向陕南境内另谋出路,完成党中央所赋予的历史使命。吴焕先也看到这一步必走之路，与省委书记徐宝珊交换看法，也是不谋而合，意见完全一致。

　　长征入陕的重大决策，就这样确定下来。吴焕先想在伏牛山开拓出一块红色区域的美好憧憬，此刻也像流星似的消失了，压根就难以实现。天亮以后，部队继续向西进发,迎着新的一天出发了!

12 月 4 日，红二十五军经由石庙、陶湾等地，抵达叫河一带宿营。

这时，军领导已经探明了入陕路线，准备直插西南方向的朱阳关，进入陕西商南县境内。这是一条入陕大道，从叫河经朱阳关到商南地界，也不过七八十里山路，一天就可以进入陕南。这样，就完全可以摆脱尾追之敌，并在商南县境内站住脚跟，很快打开新的局面!

然而，恰在这个时候，根据手枪团侦察报告，地处豫陕交界的朱阳关，包括南北两地的黄沙镇和五里川，三天前就被敌军完全占领，严密封锁了几处大小隘口，堵住了入陕之路。国民党陆军第六十师陈沛部，这支拥有三个团七八千人马的劲旅，抢先控制了入陕大道。该师所担负的作战任务，就是"前往朱阳关堵剿，毋任共匪窜陕"。

红二十五军又一次陷于更加危难的境地。

红二十五军军长程子华、政治委员吴焕先都急得火烧眉毛似的，脸色变得阴沉沉的，但又无可奈何。纵横盘结的伏牛山区，人生地不熟，另外选择一条入陕之路，也不是那么容易的事。到此地步，若不另择出路，尽快摆脱困境，等于束手待毙。

他们当即找来两个老乡，问了问西去的道路情况。根据老乡所说，从叫河以北的三川镇，转向西北方向的香子坪，有一条"七十二道文峪河，二十五里脚不干"的峡谷小道，可以直通卢氏县城，尔后，即可顺着洛河岸边，直接进入陕南。这倒是一条现成的入陕之路，与朱阳关的地理位置，正好完全相反。但是，比起朱阳关这条大道，路程就远得多了，沿途也艰难多了，而且还必须穿过卢氏县城。卢氏城内还不知有没有敌军防守堵截。机不可失，事不宜迟，经过一番商定，就选择了这条唯一能够进入陕南的路。

经过两天的长途行军，途经仓房、官坡、兰草等地，直抵豫陕交界的箭杆岭。

→ 鄂陕边根据地

★★★★★
（28岁）

庚家河这个地方，翻开一百四十万分之一的陕西省地图，只不过是个小小圆圈之中加了个小小圆点，图例为公社驻地而已。但在红二十五军的战史上、鄂豫陕苏区的名籍上，却具有头等重要的位置。这个微不足道的山中小镇，是红二十五军长征入陕后第一个立足点，也是最后一次打退敌人追堵的激烈战场，艰苦转战的红二十五军，从这里迈出了关键性的一步，开拓出一块新的红色天地！

1934年12月8日，红二十五军经由箭杆岭进入陕南境内，歼灭三要司守敌四十二师二四八团一个营。第二天即翻越蟒岭，到达山中小镇庚家河。省委和红军的几位领导同志，就住在小镇拐弯处的一家叫"春永茂"的中药铺子里。

不久，《什么是红军》的油印传单就在街头上贴了出来。几百字的一页传单，把红军的性质、宗旨、任务以及有关政策都写得一目了然。末尾还有两句十分自豪的话："中国有红军已经八年了。现在中国的红军总计有好几十万，……全国红军的总司令是朱德同志！"

然而，创建新苏区的序幕刚刚拉开，一场反击战斗的结果，就把吴焕先推到更加困难的境地……

日当午时，省委第十八次常委会议还在继续热烈地进行着。徐宝珊抱病主持了这次会议。吴焕先、程子华、徐海东、郑位三、戴季英和郭述申等领导同志，都围着木炭火盆，进一步研究在鄂豫陕边创建新区的具体问题。

就在这时，原来在卢氏朱阳关一带堵截红军入陕的第六十师，突然跟踪追入陕南境内，经由鸡头关方向奔袭而来。一阵突如其来的枪声，忽然在庚家河的东山坳口响了起来。事前，省委的领导成员们都以为陕南是杨虎城的地盘，谁也没有充分估计到第六十师这条疯狗，居然又越过省界，直扑庚家河而来。战斗迫在眉睫！

省委立即停止开会。程子华、徐海东、吴焕先等人都抢先奔上山去，指挥部队实施反击，阻止敌人的进攻。一场极其壮烈的反击战，就在庚家河的山坳口上风驰电掣般地展开……

战斗一开始，第六十师先头部队三六〇团，就占据了东山坳口的有利地形，接连不断地发起猛攻。徐海东奋勇当先，率领主力二二三团，强攻东山坳口，以猛烈反击夺回阵地。与此同时，二二四团、二二五团也迅速抢占坳口南北两侧高地，协同主力团将敌人打退。我二二三团团长叶光宏，在与敌争夺坳口阵地时一条腿被炮弹炸断，仍然坚持不下火线，继续指挥作战。该团七连的一挺轻机枪，在与敌人火力的对抗射击中，接连牺牲了三名射手，仍持续不断地更换射手，终以猛烈的火力压倒敌人，保障了反击成功。跟随徐海东的司号长程玉琳，下颊被敌人子弹打穿，不能再吹军号，就利用坳口的一座小庙作掩护，坚持向敌人投掷了数十颗手榴弹，接连打退敌人多次冲锋，最后壮烈牺牲。激战中，军长程子华、副军长徐海东先后都负了重伤。

程子华、徐海东负伤以后，军政委吴焕先挺身而出，继续指挥战斗。午后，第六十师三五五团、三五七团紧跟着又增援上来，轮番向我发起冲击。于是，一次又一次的冲击与反冲击，如同拉锯似的一来一往，激烈争夺开来。

全体指战员在军政委吴焕先的指挥下，英勇反击，殊死战斗，以大刀、刺刀、手榴弹与敌拼搏。战至黄昏，经过二十多次的反复冲杀，终于将敌人打垮击退。是役，敌人伤亡七百余名，我亦伤亡二百余人。

到达蔡川以后，吴焕先首先抓紧整编了部队。经过独树镇、庾家河两次恶战，先后伤亡了四五百人，各级领导也有不少人负伤。因此，他决定将二二四团予以撤销，分别补充编入二二三团、二二五团和手枪团。整编后的红二十五军，总共两

△ 红二十五军领导人与警卫员的合影（前排有：吴焕先、郭述申、徐海东、戴季英）

千五百余人。就这样一支疲惫不堪的红军队伍，立足于鄂豫陕边，挑起了创建新苏区的艰巨重担。

吴焕先率领红二十五军，以飘忽式的游击行动，南下湖北郧西地区。一路上，自动投奔而来的"红枪会"首领刘实通和岳新明，紧紧跟在吴焕先的身边。许多不了解内情的红军战士，都以为找到两个"地下党"，在协助军政委开展地方工作。部队每到一地，吴焕先除了观察地形、安排宿营、料理军务之外，只要能够抽出身来，就领着刘实通、岳新明两人走访老百姓。哪怕是一个小山村，一家独户居民，也要亲自去走一走，问一问，顺便唠上几句，讲一些革命道理。

12月20日，红二十五军到达鄂陕边界以后，仍以"中国工农红军北上抗日先遣队"之名义，印发了《关于商业政策问题》的布告，根据省委庾家河会议提出的"与没收富农、资本家的过早办法作无情斗争"的方针政策，明确规定"凡军阀官僚、卖国汉奸、民团首领以及一切反革命分子所开之商店一律没收"；"凡没有参加反革命（即令是地主）的商店，如能遵守苏维埃的法律，仍保证继续营业"，保护正当的经商行商，准其"在红军行动境内运输行走"，对"资本在300元以下者"实行免税，由于"作战费用之需要"，同时也"得向资本在300元以上者并雇用劳动之商人酌量捐款"，等等。总的商业政策原则是：保证贸易自由，反对奸商，取消一切苛捐杂税、厘金关卡，实行统一的累进税。这些十分具体的条款，完全勾画出一幅新的苏区蓝图，同时也表现出一种开拓精神——共产党人的进取之锐气!

就在这时,在镇安县的九甲湾(今为山阳县),吴焕先把陈先瑞喊在当面,随手拿出两叠《什么是红军》和《关于商业政策问题》布告,摊在陈先瑞的面前,开门见山地讲道:"先瑞同志,领导上决定把你留下,带领三营七连留在这一带打游击,你有没有把握?"

吴焕先讲了省委创造新区的战略意图,明确提出三条任务:第一是了解边界地区的民情地形,尽快熟悉和掌握地方情况,第二要以"五抗"为斗争口号,广泛发动群众,镇压土豪劣绅,摧毁地方反动势力,建立苏维埃乡村政权,第三,与红军主力保持联系,将单独活动情况和敌情动态,及时向上级领导做出报告。

吴焕先紧接着说:"我们心中有数,知道你能够单独完成任务,所以才交给你一个连队,留下坚持斗争。就是受点损失,也不要灰心丧气,还可以重整旗鼓,东山再起! 这两年,我们在大别山遭受的挫折失败,也够严重的了,失败了再干,就是这个理儿! "几句话,讲得陈先瑞心里热乎乎的,燃起了一把火。

吴焕先所以不失时机地"就地下种",也是经过一段时间的游击行动，考察了解到这一带的兵灾匪祸连年不断，各种苛捐杂税、地亩粮草、伕子壮丁，名目极其繁多，国民党反动政府和封建势力对人民的压迫剥削极为残酷，人民苦难深重，反抗十分强烈。因此，他便根据农民群众反抗苛捐杂税的迫切要求，及时提出以"五抗"（抗捐、抗税、抗粮、抗丁、抗伕）为斗争口号，广泛发动群众进行斗争。当地群众抗粮抗捐的斗争势头，犹如干柴烈火，一点就燃。这种由来已久的火的烈焰，虽然屡遭反动势力的扑灭，但仍是彼伏此起，遥相呼应。农民革命的斗争火势，仍在持续不断地冒着浓烟，闪着光焰……只要在一处点燃起来，很快就会四下蔓延开来，一片连着一片，一团挨着一团，烧红半边天！

就在这时，吴焕先又派手枪团政委宋兴国带领该团第二分队四十余人，与刘实通，岳新明带来的"红枪会"农民武装三百余人，联合组成"陕南抗捐第一军"，并在景村车塬召开成立大会，亮出了武装斗争的旗帜。刘实通为司令，岳新明为副司令，宋兴国为政治委员。与此同时，吴焕先还抽调军政治部干事张勤，少年宣传队队长程启文等同志，组成中共商洛特委，宋兴国为特委书记。商洛特委领导下的"陕南抗捐第一军"三百余人，同样是就地开展群众工作，壮大武装力量，创建以商洛为中心区域的豫陕边革命根据地。

12月底，鄂陕边、豫陕边两个新区的工作，先后都已部署就绪。按照吴焕先的想法，就是首先占住鄂陕、豫陕两个"边"，争取很快打开新的局面，然后再把南北两个"边"连成一片。他不失时机地"就地下种"，意即在此！

新年伊始，历史又增添了新的一页。

1935 年 1 月，党中央在长征途中举行了具有重大历史意义的遵义会议。

孤悬于鄂豫陕边的红二十五军，时已与党中央失掉联系，对于遵义会议的情况，一无所知。随军转战的省委领导成员，对于"朱毛红军"之所以撤离中央苏区，实行远征及其行动方向，实际上也是困惑不解。

省委的一班领导成员，他们的可贵之处，就在于经历过鄂豫皖时期的严重挫折，都能够从失败中吸取教训，从"自我批评"中逐步觉醒，并依靠自己的力量，继续不断地拨正航向，以更加坚定的脚步、旺盛的斗志，满怀信心地去争取新的胜利。省委关于《创造新苏区、新的革命根据地的决议草案》，就曾明确写道："鄂豫皖省委自从去年因为反对逃跑，又在策略上犯了'死守'的错误，以致原有苏区遭到暂时失败……以我们所存留的力量，空喊恢复原有苏区的任务、继续'死守'的策略，必将使我们的革命事业遭到完全的失败。省委当前的任务是在保全我们的活力，保全我们的队伍，创建新的苏区根据地……这是在目前形势下唯一正确的路线，毋须再解释这不是退却逃跑。一切认为这是退却逃跑的人，实际上也是曲解党的路线，把我们的力量完全淹没于敌人血手之下。……当前的紧急任务是要加强红二十五军，加强争取群众的工作，首先打破敌人的追击和堵击计划，迅速创建新的苏区。……为执行这些首要的紧迫任务，必须进行关于党的路线之解释工作，开展党内的思想斗争和自我批评。目前，正是巨大转变的关头，新的任务和新的困难同时摆在面前，党内不坚定的一些分子必然要发生机会主义的动摇，在失败面前垂头丧气，对困难屈服投降而走到悲观失望、消极退却，必须集中大力反对这种右倾机会主义，同时对那些'死守'拼命的情绪，已经给了我们的事业以极大危害，亦须同样坚决反对，开展这一斗争。……向全党同志深切指出当前的形势与任务，坚定每个党员的意志和胜利信心，为着党的路线坚决斗争，并且在这一基础上，广泛开展布尔什维克的自我批评，彻底揭发与肃清过去的错误……只有正确开展党内思想斗争和自我批评的条件之下，党才能巩固的团结一致，为着当前的光荣事业和任务而斗争！"一篇三千字的决议文件，无处不闪耀着历史的真知灼见，包含着鲜血凝成的聪明智慧。

1935 年 1 月 9 日。

这是中国革命从严重挫折走向胜利的日子，从黑夜里露出曙光的黎明，从迷茫中看到希望的时辰！

这一天，我们的党中央、中央军委和红军总部，都先后进驻遵义城。

就在这一天，吴焕先率领红二十五军，一举攻克镇安县城。这是长征入陕后攻占的第一座县城。从此开始，创建了鄂陕边第一块革命根据地。

群山环抱的镇安县城，曾流传着这样的民谣：

民国二十三，红军到镇安，

老财心胆战，穷人都喜欢。

红军入城后驻了三天，做了三件大事：一是打开国民党县政府的监狱，救出在押的七八十名"抗捐犯人"，二是镇压了一批土豪劣绅，并在城隍庙召开群众大会，将没收来的粮食、油盐、衣物，当场分给贫苦群众，三是没收了城内几家大商号的棉花布匹，为红军官兵做了冬衣。

攻占镇安县城后，坚持在鄂陕边界的鄂陕游击师，当即与红军主力取得联系。陈先瑞所领导的鄂陕游击师，经过二十余天的游击活动，很快在两省边界地区站住脚跟，对这一带的地形和社会情况也有所熟悉了解。吴焕先根据陈先瑞所提供的情况，马上又把红军主力拉出镇安县城，抵达以东以南的山阳、郧西、旬阳交界，乘胜转入发动群众，创建了第一块立足之地。

这一时期，红二十五军主力遍及于镇安、旬阳、郧西、山阳等四县边界地区，以摧枯拉朽之势，横扫地方民团和反动政权，大张旗鼓宣传"五抗"，发动和组织群众，镇压土豪劣绅，广泛建立乡村苏维埃基层政权。红军将没收地主的土地、粮食、财物，大都分配给贫苦群众。如火如荼的群众斗争势头，像烈火一般点燃起来，映红了鄂陕边。少数苦难深重的群众，不敢公开接受斗争果实之事，确也屡见不鲜。军政委吴焕先似乎也理解这种状况，常在天黑夜静之时，派出一些指战员背上粮食衣物，悄悄地送上门去。因此，这些群众也感到扬眉吐气，认为红军看得起他们，到处传说红军是"活神兵"！

这样，很快就在镇安县的大、小米粮川，店垭子、茅坪一带，郧西县的大、小新川，四峡口、丁家坪等地，首先建立了第一批区、乡、村苏维埃政权。对于活跃在当地的毛义彬、阮开科等"红枪会"武装，大都编为旗帜鲜明的"抗捐军"，并派去红军干部加强领导。鄂陕边界的第一块革命根据地，就这样创建而成，等到陕军发动进攻时，红军已在这一带站住了脚跟。

红二十五军占领镇安的消息，当时由安康传到西安绥靖公署。"赤匪于佳（9）日午后到镇安，苏（光壁）县长抵抗不支，退守该县西区……"西安绥署对此"深堪顾虑"，忙又从陕北方面抽调兵力，遂将驻防大荔第四十二师师部，调至"蓝田设下行营，俾便指挥陕南剿匪事宜"。牵一发而动全身！陕军第四十二师师长冯钦哉，很快由大荔奔赴"蓝田行营"，代理杨虎城亲自坐镇"督剿"。

正当陕军第四十二师一二六旅三个团、警备第二旅两个团，抵达镇安以东以南地区，分兵两路紧逼而来时，吴焕先则率红军主力由鄂陕边界乘虚北上，以极其神速的飘忽行动，突然出现在敌人背后。等不得敌人掉过头来，部队又立足镇安以北的柞水、蓝田、商县边界地区，乘机发动群众，组建地方武装，抓紧创建第二块革命根据地。吴焕先和军部机关以及所属分队，当时就驻在柞水境内的红崖寺。红崖寺，可以说是五县边界之要冲，南可抵达镇安、山阳两县，北可通向蓝田，西连柞水，东接商县。一条狭窄的南北街道，青石板铺就的路面、砌成的台阶、覆盖的屋顶，都是那么古朴雅致，富有山乡情味。小街中腰，有一块可以容纳两三百人的场地，耸立着一座楼阁式的小戏楼。

陕军第一二六旅、警二旅忙又掉头北上，跟踪紧追而来。吴焕先这时已将红军主力集结于红崖寺以西的蔡玉窑，并以一营兵力于1月31日攻占柞水县城，吸引警二旅由凤凰嘴西进，红军主力则在蔡玉窑构筑工事，做好战斗准备，集中打击第一二六旅。2月1日，第一二六旅二五二团追至蔡玉窑时，红军主力突然予以回击，将该敌全部打垮，歼敌一个多营。

战后，吴焕先又率部经由曹家坪、九间房等地，翻越九华山，向北转移到蓝田县境内。2月3日，乘机攻占蓝田县葛牌镇。

吴焕先所以率部进驻葛牌镇，也是准备暂时休整一下，让指战员过个新年。入陕将近两月，部队一直在疲于奔走，飘忽不停，也急需进行休整。经过攻占柞水和蔡玉窑两次战斗，暂时打退了陕军的"进剿"围攻，似乎也可以缓口气儿，养精蓄锐，趁机过上个新年。

2月5日（大年初二），吴焕先决定以"中国工农红军第二十五军司令部、政治部"之名义，重新发布《关于商业政策问题》布告，并及时贴上街头。布告内容条款与前相同，只是将"北上抗日先遣队"更改为"红二十五军"，程子华、徐海东的署名职务，由"司令、副司令"恢复为"军长、副军长"；吴焕先和郑位三尚未更动。新年伊始，进入了创建鄂豫陕苏区的新时期，吴焕先从占领镇安县的第一张"告群众书"，就已恢复了红二十五军的番号，亮出了红二十五军的旗帜！

这一天，陕军第一二六旅两个团紧跟着又向葛牌镇追击而来。这支来势凶猛的敌军，因其二五二团在蔡玉窑受到重创，这回则以二五一团为前卫，二四八团紧跟在后，企图把红军置于死地，驱逐出葛牌镇，压到以北的平原地带聚而歼之。

是役，将敌两个团全部打垮，歼敌两个多营。经过蔡玉窑、文公岭两次战斗，第一二六旅三个团均遭到不同程度的打击，损失比较惨重。战后，该敌亦撤退到九间房一带休整。

2月8日，正值"破五"之日，吴焕先率部离开了葛牌镇，经由商县东岳庙、杨家斜、黑山街等地，掉头南下。2月12日，到达山阳县的袁家沟口。这是个山大沟深的穷苦地方，地域偏僻，交通闭塞。

这里，流传着一曲鲜为人知的"万户蜂"的历史壮歌。30年代初期，当地就兴起过一支自发性的农民武装，以锄头棍棒为武器，反抗国民党的苛捐杂税，号称"万户蜂"！1932年，山阳县民团头子唐靖，带领队伍包抄过"万户蜂"，结果农民群众在庙梁子打了个埋伏，把敌人打得人仰马翻，还缴获了十来条快枪。从此以后，"万户蜂"的威名为之大震。袁家沟口一带农民，三年没有向官府交纳过税捐粮款。

"万户蜂"是以庙沟的阮英臣等人，领头聚众起事。因为聚众造反闯下大祸，他的家被民团一抄而尽，连房子也给烧了。但是，阮英臣这个敢以血身子拼命的"蜂王"，并没有向敌人屈服求饶，也不曾接受伪县长杨泽普的"招安"，而是领着他的数十名"大刀会"成员，出没于柞水红崖寺等地，伺机报仇雪恨，与县府衙门血战到底。就在他感到走投无路、痛不欲生之时，红二十五军突然从天而降，及时来到了袁家沟口。

红二十五军来了以后，吴焕先当即派人找到阮英臣，与其"大刀会"取得联系，表示支持他们的正义斗争。吴焕先亲自跟阮英臣等人交谈，向他们讲明红军的革命宗旨和任务，动员他们以"五抗"为斗争口号，发动当地农民群众，与国民党反动派作斗争。阮英臣等人深受感动，决心在红军的帮助和支持下，把"大刀会"重整起来，跟上红军大干一场！第三天，阮英臣就带着一支成百人的农民队伍，准时开到袁家沟口，接受红二十五军的委任和领导。

这支队伍被命名为鄂陕边第四路游击师，委任阮英臣为司令，委派红军指导员夏云建为游击师政委。并将在作战中缴获的三挺轻机枪、八十多支步枪、千余发子弹和百十颗手榴弹，配发给这支新成立的地方武装。

鄂陕第四路游击师成立以后，就以袁家沟口为中心区域，活跃于山阳、镇安、柞水、商县边界地区，发动群众打土豪分田地，坚持对敌斗争。他们先后歼灭二峪河税警队和牛耳川、色河铺税警局及反动民团百十余名，摧毁了几处敌伪区、乡政权。一次，他们在小河口附近与山阳县保安团打了一仗，击退敌人对根据地的进攻，俘敌四十余名，缴获了不少枪支弹药。这一时期，队伍也发展到三百余人，组建成四个连队。连排两级领导骨干，大都是伤愈归队的红军战士，其中还有红四方面军掉队的两名伤员，当时都担任了排长。由于配有一定数量的战斗骨干，这支在战斗中逐步成长壮大的地方武装，战斗力也越来越强。

鄂陕边的领导机构、地方武装和苏维埃政权工作全面安排就绪以后，忽然传来这样两条消息：一是"朱德和毛泽东同志经过贵州向金沙江前进"，二是"红四（方面）军在勉县和宁强获得了胜利"！就当时的情况来说，"朱毛红军"的行动方向和红四方面军所发动的陕南战役，都完全准确可靠。

2月下旬，为配合红四方面军发动的陕南（汉中地区）战役，省委决定红二十五军由郧西地区西进。这一举动，其实也是省委郧西会议所提出的战胜春荒的具体步骤，即"扩大斗争的地域"，红军主力"打到富足地方去"！西进路上，红二十五军接连攻克宁陕、佛坪两座县城，发动群众开仓济贫，影响遍及秦岭。

3月8日，吴焕先率部到达洋县之华阳镇。这时，陕军警备第二旅张飞生部，亦由郧西跟踪尾追而来，我军于石塔寺附近设伏，将敌两个团全部打垮。

战后，吴焕先按照省委的战略意图，抓紧在华阳地区发动群众，打土豪分田地，组建地方抗捐军，开辟了第三块革命根据地。两三天之内，就建立了华阳镇、石塔寺、商家坝、吊坝河、瓦手沟、红石窑、小华阳等七个乡的革命政权。后即成立华阳区革命委员会。当时，群众兴奋地唱道：

土豪恶霸一扫光。

分田分地又分粮，

穷人开始把家当。

吃饭莫忘红廿五，

翻身全靠共产党。

华阳根据地的建立，不仅扩大了红军在鄂豫陕边的回旋区域，在西部有了立足之地，而且有利于发展汉中以北、太白山以南地区的游击战争。吴焕先考虑到这一地区战略地位十分重要，遂确定建立一支游击队，抽调魏文建等为领导骨干，补充了三十几名新战士，组成华阳游击队（后发展为一个连队，约一百余人）。吴焕先在交代任务时，就讲得十分明确："这一区域很重要，可以作为联结川陕苏区的桥梁！"担负这个"桥梁"的光荣使命，就落在华阳游击队的肩上！

正是出于这一战略意图，在创建华阳根据地的同时，红二十五军又取道二郎坝，沿渭水河两岸，向城固、汉中方向前进，"意想与红四（方面）军取得直接联系，接受川陕苏区党的指示"。当前锋部队到达城固以北的小河口附近时，根据手枪团侦察报告，敌军第四十九师伍诚仁部，先已抵达汉中、城固等地，防堵十分严密。这时，得悉红四方面军已从陕南回师，转向四川境内去了。

当时，红四方面军以十二个团的兵力，发起了"意在迷惑和调动敌人"的陕南战役，先后占领宁强、勉县两城和阳平关重镇。2月中旬，方面军已撤褒城之围，回师川北。红二十五军的配合行动，恰好晚了一步，不仅没有与红四方面军接上关系，而且遇到敌军的堵击。部队不得不停止前进，被迫留在小河口附近，稍作休整。

4月初，红二十五军从华阳东返到商洛地区，第二次进驻蓝田县葛牌镇。与此同时，陕军警备第三旅两个团，一路上紧紧尾追而来，红军如同春节前后的情景一样，又一次陷入进退维谷的境地。为了摆脱险恶困境，红二十五军于4月9日在九间房打了一仗，将敌警三旅两个团大部歼灭。至此，终于粉碎了陕军的第一次"围剿"！

战后，省委抓紧这一有利时机，在葛牌镇召开了扩大会议。这次会议，充分肯定了入陕四个月来的成绩，同时也检查了领导工作中的错误，彻底地解决了入川问题，统一了领导思想，进一步坚定了创建鄂豫陕苏区的决心。会议还改选了省委，徐宝珊为省委书记，吴焕先当选为副书记。

4月18日，红二十五军采取长途奔袭，出其不意地攻下洛南县城。防守城池的两个大队惊恐万状，等不得红军兵临城下，就挟着伪县长弃城而逃。匪大队长万老二自杀身死，百十名匪众死伤过半，被红军俘虏了好几十个。悬挂过死难烈士的洛南城楼，插上了红二十五军的战旗！

部队入城之前，吴焕先政委作了具体安排，要求指战员严格遵守城市政策和群众纪律，并将军司令部、政治部联合发布的《关于商业政策问题》的油印布告，派宣传队贴上街头，借以稳定人心。入城以后，照例是首先打开监狱，释放出在押的七八十名"犯人"，有的当下就在街头砸开镣铐，高高兴兴地参加了红军。军政治部根据事先所了解的情况，遂将由反动资本家、土豪劣绅、民团头目所开办的"顺兴恒"粮行、"永聚成"货栈、"治和昌"钱庄等几家商号，予以查封没收，而对正当经商的"致中和"山货栈、"丁裕恒"中药店、"瑞义协"食品铺等百十户大小商店，都妥善加以保护。"致中和"、"天兴春"、"魁盛德"等十多户店东，大都在红军攻城时丢下店铺，闻风而逃。红军不但没有动其财产，还派上哨兵严加守护，防止有人趁火打劫。当晚，部队大都驻在城关，或在街道屋檐下露宿过夜，没有惊动周围居民。洛南城头的枪声，震动着豫陕边界的山山岭岭、沟沟岔岔、村村寨寨……

红军所以攻克洛南，当时也是为了扩大政治影响，乘胜创建豫陕这个"边"。就红军力量来说，能一举攻占洛南县城，事实上也巩固不住，很快就会招致敌人的重兵围攻！因此，部队也只在洛南县城及其周围乡镇，先后驻扎了五天时间。根据省委决定，红军主力仍以陕东南为中心区域，继续向豫西境内和湖北地区进行发展，力争把这两个"边"连成一片！

这一时期，红军主力也进一步得到发展壮大。仅在攻克洛南后的半个月之内，就扩大新战士六百余名。洛南县城附近几座小煤窑的"煤黑子"，也有不少人报名参加红军，为红二十五军补充了新鲜血液。这时，全军总兵力扩大了三分之一，共约三千七百余人。

至此，已在鄂陕、豫陕和华阳地区，先后创建了四块比较巩固的革命根据地。并成立了鄂陕边区苏维埃政府和十个区、四十六个乡的苏维埃政权，苏区人口近五十万，总算是初步建成了鄂豫陕边革命根据地，独立支撑起一个"香炉脚"。红二十五军在长征途中，以其艰苦卓绝的斗争，开创出一块新的红色区域，可以说是一个奇迹！

5月4日，红二十五军一举占领龙驹寨，当时的龙驹寨，因在两年前遭受过一场匪祸，半条街道都被土匪所毁，到处都是残垣断壁。1932年，豫西土匪头子李长发，曾在龙驹寨一带大肆烧杀抢劫，骚扰了半年之久，城内的几十家商店和居民住宅，全都被烧成了灰烬，变成一片废墟。这个完全败落的山城，此时已满目疮痍，民不聊生。

红军进驻龙驹寨，当时也是出于反"围剿"斗争的需要。自从入陕以后，红二十五军在不断取得作战胜利的同时，创建了鄂豫陕边革命根据地，造成了新的"武装割据"的群众斗争局面，使得反动派大为震惊。就连蒋介石也发出这样的哀叹："查徐匪海东数月以来，猖獗流窜，实属可虑，希速派队追剿……"4月20日，蒋介石命令原进攻鄂豫皖苏区的东北军王以哲部第六十七军（辖刘翰东部一○七师、何立中部一一○师、周福成部一二九师），驻郑州的唐俊德部第九十五师开入陕南，协同已经进入安康地区的庞炳勋部第四十军两个步兵旅、进驻郧西等地的肖之楚部第四十四师，以及陕军警一旅唐嗣桐部、警二旅张飞生部、特一旅孙友仁部和三十八军孙蔚如部之一部，总共三十多个团的兵力，统由杨虎城指挥，向红二十五军发动第二次"围剿"，

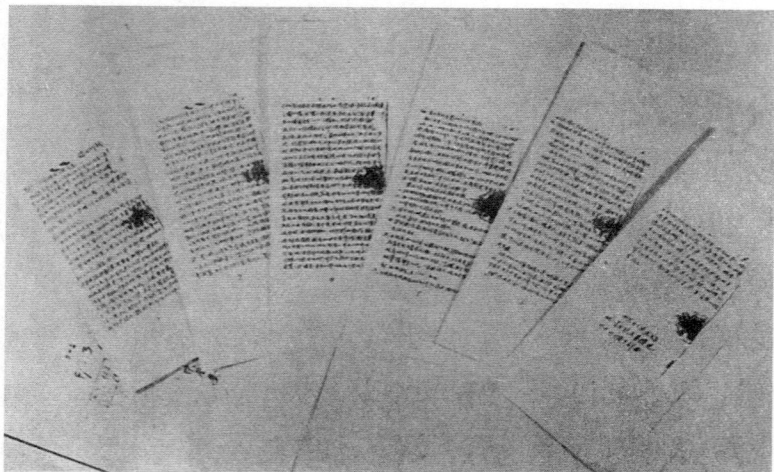

△ 吴焕先1935年5月30日写给四方面军领导及川陕省委的信

并限令在三个月之内，将红军全部歼灭。敌情如此严重，第二次反"围剿"迫在眉睫！

我军察觉到敌人的进攻企图后，于5月11日结束整训，即投入反"围剿"的作战行动。5月下旬，南下到郧西庙川地区的莫家山一带，稍事休整。

在"九棵树"这个地方，吴焕先亲自主持召开了一次重要会议。会上，检查了反二次"围剿"的准备工作，研究和制定了反"围剿"的作战方针和计划。省委会议决定：各游击师（队）就地坚持，并发动群众实行坚壁清野，广泛开展游击战争，红军主力则采用"诱敌深入，先疲后打"的战略方针，寻机歼敌一两个师（旅），以打破敌人的整个"围剿"。

反二次"围剿"的经过，由于省委制定了正确的战略方针，在运动中寻机歼灭敌人，因而也取得了决定性的胜利。这一时期，红二十五军飘忽于鄂豫陕三省边界地区，忽南忽北，忽东忽西，神出鬼没，所向披靡，把敌人肥的拖瘦，瘦的拖死，打得敌人晕头转向。一个半月之内，先后取得奔袭荆紫关、袁家沟口歼灭战以及威逼西安的重大胜利。这几次较大的作战行动，可以说是一幕连续性的战争活剧，有声有色，威武雄壮！当红二十五军行动于郧西地区时，东北军第六十七军已在丹江岸边展开攻势，企图将红军主力围歼于鄂陕边界。这时，省委果断决定红军主力北上商县、洛南，乘东北军初来乍到，地形生疏，争取歼其一部，以打乱北路敌军的"围剿"部署。与东北军周旋过一年之久、并有过几次战斗较量的吴焕先和徐海东，似乎都没把这支貌似强大的劲敌看在眼里，只要寻机歼灭东北军一部，就可以扭转战争局势，乘机粉碎敌人的大举"围剿"。

6月初，红军主力由郧西县二天门出发，向北直插商县地区。北上途中，6月4日夜5日晨，先后在丹江岸边的夜村及商洛镇附近，经过两次激战，突破东北军一一〇师、一二九师的包围防线，经由留仙坪继续向北，插到第六十七军的背后。第一一〇师何立中部，忙又掉头尾追而来。这时，我军预定在苍龙岭伏击何立中部，但因被敌发觉，伏击未成，遂转向以东的庚家河一带。敌人原来指向丹江以南的进攻矛头，这时又不得不改而向北，急忙掉过头来，跟踪尾追。

因为第六十七军三个师兵力密集，难以捕捉到有利战机，我军遂放弃"先消灭东北军一部"的作战计划，掉头向东南方向前进，继续在外线展开活动，进一步调动、分散和疲劳敌人。6月10日，我军从庚家河出发，大踏步直奔东南而去。13日包围商南县城，14日打下富水关，继而进占青山街，15日远程奔袭荆紫关……

荆紫关位于河南淅川县境内，为鄂豫陕三省边界要地，是敌四十四师肖之楚部的后方补给站，守敌约有一个营的兵力。我军于16日到达荆紫关附近时，以手枪团化装成敌四十四师的"一支部队"，直奔荆紫关城下。手枪团在穿过敌外围警戒线时，还曾受到守敌警戒分队的"列队欢迎"，没费一枪一弹，即将关外之敌全部俘获。抵近城下时，守敌忽然发觉，急忙关闭城门，仓促开火抵抗。我主力团跑步赶到，即刻搭上"人梯"，强行登上城头。守敌不战而溃，抱头鼠窜。这次战斗，抄了敌四十四师的后方补给站，活捉了肖之楚部的军需处长，缴获了不少各种军用物资。

远程奔袭荆紫关——这一出奇制胜的作战行动，使北顾商县、洛南之敌，又被牵向东南方向。东北军第六十七军三个师、四十四师和陕军警一旅等部，均向荆紫关直扑而来。这时，我军又一次甩开密集之敌，沿着鄂陕交界的崇山峻岭急速西进，继续分散和疲劳敌人。这一路上，每日都以一百余里的行军速度，一步不停地向西挺进。天气炎热，山路崎岖，部队行动又很紧急，沿途也十分艰苦。许多指战员因为不理解"先疲后打"的战略意图，当时表现出一些厌倦情绪，私下里议论："刚好端了敌人的补给站，又甩开膀子磨脚板，跑到哪里去呀？为什么不跟敌人拼上一场！"行军路上，吴焕先总是奔前跑后的，及时对指战员鼓动几句："牵着敌人的鼻子到处奔走，是红军的拿手战法，有什么不好嘛？这种飘忽行动，比起跟敌人死打硬拼，我看是灵活多了，好得多了。现在多走几天山路，脚上多磨几个泡泡，算什么嘛！我们跑到一定的时候，把敌人拖疲了，拖垮了，回过头再打嘛。哈哈，好戏还在后头呢，等着瞧吧！"接连奔走了四五天，沿途击退敌四十军的迎面阻拦，遂又经山阳县转向西北前进。6月25日，抵达根据地边沿的黑山街。这时，各路尾追之敌都被远远甩在后面，相距最近的陕军警一旅，至少也有四天路程。我军终于赢得了时机，争取了主动，为袁家沟口之战拉开了序幕！

袁家沟口及其以西的桃园岭，是一条十多里长的深山峡谷，如同一条现成的"口袋"。南北两侧高地，山势险峻，森林茂密，便于部队设伏隐蔽。吴焕先和徐海东商定之后，当即决定以这里为战场，采用伏击战术消灭陕军警一旅。6月30日，当敌警一旅跟踪追到小河口时，我军为诱敌进入预定战场，继而向西北方向的红崖寺撤去。第二天，警一旅两个团跟踪追入袁家沟口。就在这时，红军主力连夜又从红崖寺掉过头来，准时返回桃园岭一带，神不知鬼不觉地展开兵力。战斗，即将从这里发起……

7月2日拂晓，天空中晨雾弥漫，四野一片迷茫。红军主力部队和第三、四路游击师，总兵力为四千余人，埋伏在高山密林之中，一动不动。正当晨雾逐渐退去之时，敌人在袁家沟口村西集合整队，准备向红崖寺出动追击。军领导立即发出攻击命令，冲锋号一响，我军各种轻重火器，如同雷鸣电闪一般，突然向密集之敌猛烈射击。霎时间，枪炮轰鸣，山摇地动，硝烟腾空而起，战火四处纷飞。红军主力团首先从北面高地发起冲击，无数神兵从天而降，勇猛扑向敌群。敌人遭此突然打击，顿时乱作一团，慌忙向西奔逃……跑不多远，却又被我二二五团迎头截住。这时，各个连队像尖刀一样插入敌群，其势如铁流倾泻而下，似狂飙猛卷而至，满山满谷红旗招展，杀声震天，刀光闪亮，白刃相搏。敌旅长唐嗣桐率残部向南逃去，占据一个小小山寨，负隅顽抗。经过多次猛攻，战至午后，终将残敌歼灭。陕军警一旅两个团全部覆没。是役，毙伤敌人三百余名，俘敌旅长唐嗣桐以下一千四百余名，缴获各种枪支千余支。而我军仅伤亡八十余人。

袁家沟口之战，是一次极为出色的歼灭战，创造了在运动中歼灭敌人的光辉范例。

然而，就在此时，吴焕先决定再次转到外线行动，北出终南山补充和扩大红军队伍，于是红二十五军又以迅雷不及掩耳之势，北出终南山……

1935年7月13日，红二十五军横扫焦岱、引驾回等地反动民团，威逼省城西安。这一出奇制胜的作战行动，完全打破了敌人的重兵"围剿"，宣布了蒋介石妄图在三个月之内消灭红二十五军于商洛山区的反革命"围剿"计划的彻底破产。至此，反二次"围剿"的高潮，达到更为壮观的顶点！

周、秦、汉、唐之故都西安，刚一进入炎热的盛夏，就像遇到一阵轰轰隆隆的电闪雷鸣，摇撼着西安绥靖公署的新城大楼。敌人盘踞的省城内外，如同滚油锅里撒了一把盐，添了一瓢水，顿时引起很大震惊。南门戒严，人心慌乱。城内的许多资本家，更是闻风丧胆，纷纷收拾金银细软，准备东出潼关去"跑反"，有的时已奔出潼关，逃往上海等地。从河北省撤退而来的东北军第五十一军于学忠部，正准备西进陕甘边界堵截长征北上的中央红军，这时也被迫停止行动。霎时间，陕西省城内外，笼罩着一团恐怖的战云……

这一天，恰是焦岱、引驾回两地逢集之日，来自四面八方的农夫山民，提篮子的，挑担子的，推小车的，一路上络绎不绝，流水般地涌向集镇。红二十五军从商洛山中奔了出来，早晨到达焦岱，午时赶到引驾回，当地群众都说："红军出了终南山，一天赶了两个县的大集，老百姓都开了眼了！"

红军主力到达引镇时，集市还没有完全散去。手枪团一百余人，先头化装成五花八门的"赶集人"，混在赶集的人群里面，暗中把区公所、厘金局、烟赏局以及民团驻地，严密控制起来。大部队随后一到，没费一枪一弹，就将数十名反动武装收拾得一干二净。民团头子倪性初，被手枪团当场捉住。烟赏局头子姬福堂的家产，以及"永顺成"等几户地主豪绅所经营的商号，全都予以查封没收。而对资产较为雄厚的"天佑生"货店，因其掌柜李玉智安分守己，名扬乡里，则妥善加以保护。对那些做小生意的店铺，实行公买公卖，秋毫无犯。吴焕先和其他部队领导人都在这里翻阅敌伪报纸，查找有关敌军围攻各地红军的战事消息。由于长期困守在商洛山中，对于当前的时局变化、敌情动态和外界的各种新闻，都十分闭塞。

因此，部队一到引驾回，吴焕先就叫政治部的几位"秀才"，注意收集各种报纸，以便了解和掌握情况，做到心中有数。这也是吴焕先最为关切的一项工作。在与党中央失掉联系的艰难岁月，也只有采取这种搜集情报的手段，从那些带有"匪"字的战事消息里面，认真加以查找琢磨，方能悟出一点真实情况。

菜市场上，聚集着好几百农民群众。被红军所没收的粮食面粉、棉布绸缎、衣物家具，全都搬到了现场。被俘的陕军旅长唐嗣桐，这时也被押到会场，前后都是明光闪亮的刺刀。这家伙个头挺高，也很壮实，满脸的络腮胡子，被俘时就穿着一件灰军上衣，下身只穿了一条米黄色的半截短裤，现在依然如故。所不同的是，红军战士在他背上插了一块白纸招牌，上面写着："白军旅长唐嗣桐"！

刚愎自用的唐嗣桐，思想极为反动，也特别骄横。他在陕军警二旅、警三旅接连受到重创之后，仍想冒险"立功"，说什么他"是蒋委员长的忠实信徒，与共产主义势不两立，愿为三民主义献身牺牲。此次征剿赤匪，不成功，则成仁"。据说在蓝田县葛牌镇的一次军事会议上，他的反动气焰最盛，张牙舞爪地大吹大擂："红军是从南方流窜过来的一股残匪，已经溃不成军，不堪一击。我是不畏强敌的，你们不敢摸徐海东，我摸！你们不敢追徐海东，我追！"现在，他反倒成了徐海东的手下败将，被押了来游乡示众公审处决。

其实，红二十五军只在引驾回停留了多半天。当天晚上，全部人马都沿着终南山下，向以西的子午镇开去。

子午镇位于终南山下的子午峪北口。这个峪口大镇，也是进出终南山的必经之地，那些奔走于西安、汉中、安康以至四川境内的商客脚夫，大都取道于此，多在镇上歇脚住宿。南来北往的奇闻趣事，在此处不胫而走，旋绕于耳。倒是个消息灵通而又能够传播开去的口头广播站！

红军出山已经三天了。到达子午镇以后，无非是镇压土豪劣绅，发动群众开仓济贫，押着陕军旅长唐嗣桐游乡示众。而这一切，对于敌军老巢西安，都不过是虚张声势而已，终归不是长久之策。作为鄂豫陕省委代理书记、红二十五军政治委员的吴焕先，此时也如坐针毡一般，心神极为不安。下一步的作战行动，矛头应当指向哪里，他不能不考虑这个迫在眉睫的问题。他在酝酿着新的战略选择！

吴焕先拿着郭述申送来的一卷报纸，急急忙忙奔到程子华的住处，喜出望外地喊道："军长，最大的好消息！中央红军和红四方面军已在四川西部会师，看情况有北上动向！"

"真的？快让我看看……"程子华忙从担架上坐了起来。然而，他那一双被枪弹打穿的手掌，夏日里又感染化脓，用纱布缠得严严实实的，像两个弹花锤似的吊在脖颈上。眼下，就连翻阅一张报纸，他也是心有余而力不足。吴焕先摊开两张报纸，他才眨着一双兴奋而又充满希望的目光，从那密密的字里行间探索着，认真加以琢磨。多么难得而又振奋人心的消息啊！

程子华笑了笑说："已经三天了，我们也不可在此久留，得赶快做出行动决定。"

吴焕先神色忧郁地说："情况总是若明若暗的，实在难办！自从撤离鄂豫皖以后，已经七八个月了，我们一次也没有接到过中央的指示……"他沉思了一会儿，不无感叹地说：

"孤军奋战的红二十五军，简直就像一只断了线的风筝，满天空中飘动着……稍有一步不慎，遭到一场狂风暴雨，就会栽跟头……"

程子华默默无语，内心却像潮水似的翻腾着：是啊，作为一军之长，他又躺在了担架上……现在就是叫他做个参谋长，也只能动动嘴巴，而不能亲自动手。

然而，石健民的来到，完全证实了中央红军与红四方面军已在川西胜利会师，并从各种迹象得知，确有继续北上动向。对于吴焕先来说，这是十分难得的，他如获至宝。

吴焕先当机立断地决定说："海东同志带领的

先头部队，今晚驻扎在丰峪口。咱们马上赶到丰峪口去，召集省委成员开个会。

7月15日晚，吴焕先在长安县丰峪口主持召开了省委紧急会议。会议通观全局地分析了形势，认为"帝国主义的瓜分与国民党的出卖，已经使中国民族危机日益严重，积极准备与日本帝国主义作战的任务更加迫切"；"两大红军主力在西北方会合的胜利，与将要形成的中国西北部苏区根据地……都是目前中国革命发展的新的形势特点"；"为树立中国西北方较大的红军主力，成为西北革命运动之柱石，配合红四方面军、中央红军之行动，与积极准备同帝国主义作战的阵地"，决定率领红二十五军西征北上，到陕北"同红二十六军会合起来，集中成一个大的力量，有力地去消灭敌人，配合红军主力在西北的行动，迅速创建西北新的伟大的巩固的革命根据地"。同时认为配合红军主力在西北的行动，是红二十五军最为紧迫的战斗任务。这一独立自主的战略决策，完全符合全国革命形势发展的需要，符合党中央把革命大本营放在西北的战略意图。这一战略决策的成功，后来也被历史所肯定。毛泽东曾经讲过："徐海东之由陕南经陇东入陕北，乃偶然作成中央红军之向导……"

红二十五军的长征历程，从此又展开了新的一页，艰难而又壮丽的一页！

→ 与主力红军的配合战

★★★★★

（28岁）

7月16日，红二十五军即从丰峪口出发，沿秦岭北麓向西挺进。这支从大别山转战而来的劲旅，又一次踏上长征的道路，跨上了新的战斗征途。两天以后，便进入周至县境。

当时，陕西各个军司令部，都认为徐海东的目的，是渡过渭水与北方的刘志丹会合。《大公报》陕西通讯员在自己的通讯中也这样写道："徐海东想横渡渭水与刘志丹会合。"因此，敌人的主要兵力亦在西安至宝鸡的渭河两岸展开，形成一道严密的封锁防线。

就在这时，红二十五军于7月22日晨，由辛口子向南折入秦岭山中。

为了隐蔽行动意图，给敌人造成一种错觉，红二十五军沿着红四方面军当年入川时走过的一条老路，经由辛口子、青岗砭、老君岭等地，翻越高耸入云的太白山。沿途，部队亦佯作进入汉中之状，借以迷惑敌人。

红二十五军翻越太白山以后，于7月27日到达留坝县的江口镇。连续十多天的行军作战，部队也十分疲劳，省委决定在此休整两天，进行西征北上的思想动员和物资准备工作。这时，部队也进行了整编，将跟随主力部队一起行动的第四路游击师，共约二百八十余人，分别编入作战部队。从此以后，这支由吴焕先亲自组建的地方武装——来自山阳县袁家沟口"万户蜂"的子弟兵，就正式编入红二十五军的序列之中，在新的征途上前仆后继，英勇战斗。至此，军仍辖二二三团、二二五团和手枪团，包括军部直属分队，总共近四千人马。

吴焕先抓紧这个有利时机，分别召开会议，对指战员进行了政治思想动员。他根据中央红军和红四方面军已在川西会合并有继续北上动向的情势，首先向团以上领导干部讲了红二十五军西进陕甘边界、取得会合陕北红军的迫切任务，目的就是为了"迅速扩大我们的力量，树立中国西北方较大的红军主力，成为西北革命运动之柱石，配合中央红军、红四方面军之行动"等等。如果说吴焕先在7月17日写给中共中央的报告中，对红二十五军到陕北会合红二十六军，以配合主力红军在西北之行动的战略意图，还带有"是否可以"的请示用语，时隔十多天以后，思想上遂又产生了一个新的飞跃，此时已变得更加明确、更加坚定。这一远离后方根据地的十分艰险的战略任务，实际上也是经过几次的反复酝酿、认真考虑，由他最后下定决心的。鉴于这种情势，他及时向部队提出了"配合两大主力红军行动"和"迎接主力红军北上"的战斗口号。西征北上的战略决策，完全反映了全体指战员与主力红军会师的热切愿望，进一步激发了部队的战斗情绪。全军指战员情绪饱满，上下都拧成一股劲儿，为配合两大主力红军在西北之行动，而不顾一切地奋勇前进，浴血苦战！

从军直机关的交通队（即警卫连）、政治保卫队、少年宣传队、补充学兵连、随军野战医院，以及后勤供给部的担架队、骡马大队、军械修理所、被服工厂，到手枪团和两个步团的每个连队，到处都是一派奋发激昂的口号声：

"祝贺两大主力红军胜利会师！"

"配合两大主力红军北上行动！"

"迎接朱毛红军北上陕甘！"

"欢迎红军总司令朱德同志！"

吴焕先在开辟华阳根据地时，所组建的一支游击队，这时也在江口镇归入主力部队。当初，华阳游击队担负着联结川陕苏区的"桥梁"任务，由于种种原因，始终也未能与川陕苏区建立联系。但在这一时期，他们还是坚持了华阳地区的武装斗争，

△ 1935年红二十五军北上过渭河

打过几次小小胜仗，特别是在城固通往汉中的山路上，游击队伏击敌人一支运输队，截获了三十多担军用物资，对当地群众影响很大，传说红二十五军在华阳留下一个"特务营"，厉害得很！威震一时的华阳游击队，也成为敌人的"心腹之患"，接连不断地遭到敌人的反复"清剿"、残酷围攻。几经挫折之后，游击队伤亡过半，几乎到了完全覆灭的危险境地。但在严重挫折面前，最后剩下的一个分队，还是紧紧抱成一团，没有完全溃散。他们闻得主力部队经由厚畛子、黄柏原、二郎坝等地西进，便冲破了反动民团的重重追堵，一步不停地奔跑了三天三夜，及时追赶上主力部队。

就在这地处太白河岸边的江口镇，吴焕先还曾以省委名义，亲自写了两封指示信，送给留在陕南的郑位三、陈先瑞等同志。信中，除了叙述当前斗争形势和红二十五军西进陕甘的战略任务，着重就坚持和发展鄂豫陕边的游击战争，巩固这块新创建的革命根据地问题，作了具体指示，在此关键时刻，吴焕先并没有轻易决定放弃这块革命根据地正是鉴于这一地域的战略地位，吴焕先十分珍惜这块来之不易的立足之地。他的这种做法，与当初撤离鄂豫皖苏区之时，决定留下高敬亭组建红二十八军，继续坚持大别山区的游击战争，完全是一脉相承的，都被历史加以证实和肯定。作为省委代理书记，吴焕先的用心之良苦，部署之周密，对于发展前景之展望，犹如一把熊熊燃烧的火炬，继续照亮着鄂豫陕边的一方区域。就此一点而言，他具有政治家的远见卓识！

红二十五军西征北上后，为了统一领导和集中兵力，鄂陕、豫陕两个特委即合并为鄂豫陕特委，郑位三为特委书记，两个特委所领导的各路游击武装，集中编为红七十四师，师长陈先瑞，政治委员李隆贵。这一时期，以郑位三为主要领导的鄂豫陕特委，在与上级领导失去联系的艰难岁月，同敌人进行了艰苦卓绝的斗争。特委直接领导下的红七十四师，继承和发扬了红二十五军的战斗作风，不畏强敌，不怕艰苦，以灵活机动的游击战略战术和坚定正确的斗争方针政策，英勇地坚持了鄂豫陕边的游击战争。红七十四师东起豫西境内，西至凤县的双石铺，南到郧西、旬阳、石泉，北达蓝田、长安、户县，转战于鄂豫陕三省边区二十四个县，经历大小战斗近百次，先后打破了敌人三次围攻，占领过两座县城，歼敌正规部队和地方反动武装四千余人。他们直接和间接地牵制了敌人十多个团的兵力，对主力红军在西北地区的胜利大会师和作战行动，起到积极的配合作用。总而言之，这支孤军悬于一隅之地的红军队伍，最终还是实现了省委的战略意图，独当一面地支撑起一个"香炉脚"！西安事变爆发后，这支队伍在周恩来的直接关怀下，终于回到党中央的怀抱。1937 年 8 月，奉命奔赴延安，接受整编。全师约两千一百余人。

红七十四师坚持鄂豫陕边的游击战争，犹如关中八景之一的"太白积雪"，为土地革命战争时期的历史画卷，增添了壮丽的一页！

从留坝到凤州的深山峡谷之中，坎坷的山路又窄又陡，弯曲的小河又急又湍。部队一会儿翻山，一会儿过河，草鞋湿了又干，干了又湿。一路上人不停步，马不卸鞍，日夜兼程，勇往直前！天气又是那么炎热，日当午时，就得抓紧歇上两个钟头，恢复一下体力。

吴焕先和郭述申两人，这天都走在行军队伍后面。一路上，他们不是跟这个干部谈点什么，就是对那个战士讲点什么，一刻也不间断。因为时间紧迫，有关西征北上的政治思想工作，除了在江口镇作过一番动员之外，对于连队中所反映出来的各种思想状况，包括战士们的言谈举动、神色面容、哭声笑声，哪怕是一句什么调皮话，他们都是边走边看，边听边问，像医师诊脉似的及时而敏锐地按住每一根跳动的脉搏，然后加以认真思考和分析研究，切实做到心中有数。现在，每个连队都在休息，他们还在继续抓紧进行这一工作，走到哪儿就在哪儿歇上一会儿，跟各级领导谈上一阵话，了解了解有关情况，顺便也处理和解决一些实际问题。

吴焕先是全军有名的快腿，走路总像带着一股风似的，无论行军爬山，谁也追不上他。他那瘦弱的身体里面，好像也储藏着用之不尽的精力，每天都是这样奔前跑后，从来都没有消闲过似的。行军路上，他也很少骑乘牲口，经常把他骑的骡子让给伤员病号。有时即使骑在牲口背上，也要找上两张报纸看看，动脑子想点什么问题。如果忽然想到些什么，便又闪出行军队列，跳下牲口站到一边，告诉有关人员去做。他的这种举动，全军指战员都是有目共睹、有口皆碑。

7月31日，西安绥靖公署向所属军、师、旅、团，发出这样一份密电：

徐海东股匪主力已窜至留坝、佛坪之间江口镇、黄柏楼、二郎坝附近，有进犯汉中附近或向凤县、天水一带窜扰，以牵制我军、策应朱毛及徐向前各股之

△ 徐海东

势……

本部为预防朱、毛、徐等股侵入陇南或汉中方面时得以全力迎击起见，决于朱、毛、徐股匪未侵入陕甘地境之前，以最大努力于最短期间先将徐海东股粉碎而歼灭之，以除后患。倘匪万一向东回窜或北窜时则派队穷追，不灭不止；并派有力部队于陕甘边境及汉水流域各地严防固守；对于商洛一带则划区搜剿，以清散匪……

电令所部东自商洛山中，西至陕甘边境，南到汉江两岸，北连渭水沿线，实行围追堵截，聚而歼之。敌人企图从四面八方布下天罗地网，置红二十五军于死地！然而，就在 7 月 31 日这天，红军主力团第一营以迅雷不及掩耳之势，轻装奔袭二十余里，攻占川陕公路要地双石铺，歼敌一部。

当天傍晚，主力团一营三连设在双石铺东北数里处的警戒排哨，恰好又截得一顶滑竿，捉住一位气宇不凡的高级人物。此人中等身材，白白胖胖，身着白绸大褂，头戴博士凉帽，手中摇着一把蒲扇，悠悠荡荡从凤县而来。见到红军战士拦截盘问，他还以为是地方民团，挥着扇子讲道："弟兄们，请不要误会，都是自家人嘛……"这人外表不像军人，但却佩着一柄刻有"不成功则成仁"的短剑，当下就被红军捉拿住了。三连排长张天云发现此人形迹可疑，马上就派了一班战士，将其押送到双石铺。经过审问，原是敌军的一位少将参议。这个被截获的高级俘虏，随身带有许多文件和报纸，及时提供了至关重要的军事情报。

吴焕先从敌少将参议口供中得知，红军第一、四方面军会师之后，先头部队已经到达松潘地区，继续向陕甘边境前进。所截获的报纸上，亦有这方面的战事消息：《大公报》7 月 16 日报道："松潘西南连日有激战……" 7 月 22 日又报道："共匪主力已越过六千米的巴朗山，向北行进……似有进窥甘青交界之洮州、岷县、西固等处……"综合敌人口供和报纸消息，并从各种迹象分析判断，证实两大主力红军正在分头北上。而敌胡宗南第二纵队、新编第十四师鲁大昌部、第三军王均部、第五十一军于学忠部、新编第一军邓宝珊部及三十五师马鸿宾部，都分别于四川西北部、甘肃南部边境、渭水两岸和西（安）兰（州）公路沿线，企图堵截我主力红军北上。在此时刻，急切盼望的两大主力红军，眼看就要过来了，这是多么难得而又振奋人心的消息啊！

就在双石铺，吴焕先又一次主持召开紧急会议。会上，他以省委代理书记名义，坚决果断地做出新的战略决定，策应主力红军的北上行动。他说："现在，我们红二十五军的战略行动，就是要千方百计牵制敌人，拖住陕甘边敌人的行动，策应两大主力红军顺利北上。到了紧急关头，我们也没有什么可犹豫的、可观望的，应当以我们的作战行动，尽快把敌人吸引到我们身边，减轻对主力红军的压力。现在就得这样行动！"程子华、徐海东等同志，都一致表示赞同。

部队在双石铺停留两天，就势开展了群众工作，打土豪分浮财。与此同时，部队也补充了一批粮食物资，做好进入甘肃两当的行动准备。军领导事先派手枪团化装潜入两当城内，于8月3日配合先头部队攻占该城，俘获保安队官兵数十名。进入甘肃境内的第一座县城，飘起了红二十五军的战旗！街头巷尾，到处都贴上红军的标语布告，兴起了开仓济贫的斗争热潮……

直捣敌人后方的红二十五军，接着由两当以北的利桥镇转向西北，直逼天水城下。9日晚，乘敌"第十二师大部西开，第五十一军接防部队未到"之机，徐海东亲自率领主力团第二营，攻占天水县城北关，缴获大批军用物资。这时，敌人已由天水西调的第三军十二师一部，在其副师长周开勋率领下，忙又从武山、甘谷掉头回援，沿天靖山抵达天水城内，猥集于渭河两岸凤翔、宝鸡、清水等地的东北军第五十一军三个师，亦有抵进天水"增防"之状。随时处于敌人夹击之中的红二十五军，因在天水附近难以立足，遂又转向以西的新阳镇一带，并决定从这里北过渭河。8月11日，红二十五军兵临渭河岸边……

北过渭河，这一出奇制胜的行动，完全把自己置于主动地位，可以说是一举两得：既可以乘机转入陕北，实现与陕北红军会师之目的，同时又可以扼住西兰公路，策应主力红军的北上行动！

军供给部过河以后，吴焕先忙把剃头匠熊发龙喊来，随手将他牵着的牲口缰绳，递给对方说："老熊同志，这一路行动紧急，叫小熊骑上我的骡子，好好跟上队伍，千万不要掉队！……"熊发龙一接过缰绳，心里就感到不是个味儿，面有难色地支吾着：

"吴政委，你……我……我背得动这个崽子，保证不会掉队！"

吴焕先不容推辞地说："我不是跟你做人情，必须服从命令！中国革命是长期的、艰苦的，道路也是曲折的，将来还要依靠这些随军远征的小兄弟，补充我们的队伍，壮大革命力量！对了，二二五团炊事班那个可爱的小兄弟，也要收养在军供给部。这事，就由你操心负责……骑上我的骡子！"

被称之为"可爱的小兄弟"的，就是在长征入陕的途中，吴焕先讲过的河南光山县匡家湾的匡书华。这个红军"小兄弟"，跟着他的哥哥经过千里转战，随军到了陕南。谁知担任炊事班长的哥哥匡占华，偏又在战斗中牺牲，使他失去了唯一的亲人。与炊事班形影不离的"小兄弟"，便成为全班的重点保护对象。他在全班哥哥的帮助照顾下，作为红军的一员后补战士，继续西征北上。

与红军相依为命的熊氏父子，当时就以"老熊小熊"闻名遐迩，在长征路上传为佳话。熊发龙是个剃头匠出身，皖西六安县人，当过乡苏维埃主席。当初，他就背着个八九岁的娃娃，参加了红二十五军。长征出发时，精减了不少的老幼病残，他们父子亦在其中。可他随后又背着他的儿子，偷偷地越过平汉铁路，跟在部队后面行走。主力团的供给处长刘炳华，遂将这一对"父子兵"收留下来，好在不是战斗连队，能够"窝藏"得住。等到上级领导发现时，生米已煮成熟饭。

向以"儿童军"著称的红二十五军，十二三岁的少年儿童，人数也有十好几个。但能够回忆出姓名的，就是匡书华和熊开先。他们跟随自己的父兄，经历了艰难困苦的长征历程，在红军长征的"摇篮"里长大成人。坎坷的征途，血染的道路，使得他们在幼年时代就经受了风风雨雨，同时也造就了前仆后继的意识。

红二十五军于8月11日北过渭河以后，即以迅雷不及掩耳之势，一举攻占秦安县城。12日，遂又弃秦安北进，继续插向敌人纵深，以截断西兰公路，进一步牵制敌人，积极配合主力红军的北上行动。8月14日，威逼静宁县城，毙伤敌人数十名。守敌新编第十一旅刘宝堂部，惊慌异常，急向兰州求援。至此，横贯陕甘两省的西兰公路，即被我军切断！

红军神速西进，敌人极为震惊。对于红二十五军威逼西安之后的作战行动，蒋介石不只是"实属可虑"，而是极为恼火而又不安，曾于7月21日发出这样一纸密电，对西安绥靖公署严加指责："区区之匪，至今尚不能歼灭，可知进剿不力，奉命不诚。兹再限期8月15日以前肃清，如届时再不能遵令肃清，则唯该主管长官纵匪论罪！希即一体，知照令遵勿违……"从7月26日到8月10日之间，蒋介石遂由成都"行辕"接连发出五道电令，始则要求加强汉中与宝鸡之间的碉堡封锁，防止红二十五军入甘与主力红军"合股"；继则督饬陕军各部"不分省界，跟踪追击"；并要东北军第五十一军向天水方向"轻装堵截"，以围歼红二十五军于两当一带。

我军威逼静宁后，于 8 月 15 日进驻兴隆镇，暂作休整。

兴隆镇，就在静宁县城以北五十里的葫芦河谷，是回族人民群众聚居的地区。由于历代反动统治阶级的残酷压迫，加之反动军阀部队的屠杀掠夺，民族纠纷时有所闻，造成的隔阂很深。这一带的回民群众，听说是"兵"来了，有如谈虎色变，异常惊恐。对于红二十五军的来到，同样也是畏如洪水猛兽，存在着怀疑和恐惧心理。兴隆镇、单家集、高坊城等地的青壮年男女，当时大都逃往深山躲藏起来，避而远之。红军想要进驻兴隆镇，首先必须取得回族群众的信任和拥护，否则，也难以立足休整。

"兵马未动，政策先行。"吴焕先首先确定了这个进驻方针，这八字方针，并非是他的发明创造，而是把郑位三路过豫西地主"围寨"时讲过的一句话，推而广之地运用到这里来了。

对军政治委员来说，部队进驻兴隆镇，如何争取团结回族宗教人士，搞好与回族人民群众的关系，都是不容忽视的问题，也是个新的课题。

在决定部队进驻兴隆镇时，吴焕先就亲自找到一些贫苦农民、地方乡绅、小学教员、货郎小贩，在一起促膝交谈，深入了解这一带的敌情、社情、民情，以及回族的宗教信仰和风俗习惯，进行了大量的调查研究工作。而后，便根据他所了解到的种种历史情况与现实状况，并结合回族的宗教信仰和风俗习惯，为部队制定了"三大禁令、四项注意"，即禁止驻扎清真寺，禁止毁坏回族的经典文字，禁止在回民地区吃大荤；注意遵守回族的风俗习惯，注意使用回民的水桶在井里打水，注意回避青年妇女，注意不要在回民地区打土豪。

15日下午，部队相继进入兴隆镇。这个数百户人家的陇原小镇，一条狭斜的小街，两旁的土屋瓦房栉比相连，设有不少的商店小铺。但并不是想象中那么兴隆，那么昌盛，倒是给人一种残破而又萧条的印象。也许是信奉穆罕默德的教徒们，有史以来第一次见到红军队伍，还处于一种怀疑、恐惧、忌恨的心理状态，街面上冷冷清清的，很少见到人影。商店大都关起了门窗，没有照常开张。南面街头上，有一座很大的清真寺，门前也是那么冷冷落落，行人稀少。

先头进入兴隆镇的宣传队，早已在清真寺门前和街道两旁，贴上了各种不同的传单、标语，都是那么引人注目："保护清真寺，不毁古兰经！""尊重伊斯兰教的信仰习惯！""红军和回民是一家人！""回汉人民团结起来，打倒卖国贼头子蒋介石！"然而，这些发自内心的呼唤，当时并没有完全解除回族群众的惊恐之心，也不曾唤起人们的信赖，只是没有采取敌对行动而已。他们似乎还信不过纸上的宣言，而是要看看宣言者的所作所为。

红军大部队开入镇内，许多没有外出"跑反"的男女老少，都躲在自家屋里，扒着门窗缝朝外张望，窥探这支风尘仆仆的红军队伍。初来乍到的红军队伍，大都是些身强力壮的年轻人，还有为数不少的"娃娃兵"，个个生龙活虎，人人喜笑颜开。街面上，一杆杆红旗迎风展，一阵阵歌声冲云天。

当天下午，吴焕先就派出几名政工干部，把清真寺的阿訇以及颇有名望的绅士，邀请到军部驻地做客。吴焕先按照当地回族的礼俗，特意让供给部购买了一些名为"三炮台"的盖碗茶具，亲自在每个茶碗里泡上冰糖，表示红军怀有冰糖一般洁白透明的心，真心实意地接待他们。座谈会上，吴焕先发现这些请上门的来客，有的愁眉苦脸，有的坐立不安，有的长吁短叹，大都怀着各种不同的思想顾虑，就开门见山地讲道："我军进驰兴隆镇，一不向你们催粮草，二不向你们派捐款，三不拉你们的民夫壮丁。大家都不要担心害怕，红军是工农群众的队伍，决不会骚扰老百姓。我们也不会在此停留久驻，稍作休整之后，很快就走！"随后又讲了我党的抗日救国主张和红军的政策纪律，特别提到"三大禁令、四项注意"，说红军说到做到，不放空炮；如有疏忽不到之处，还请各位实行监督。客人们听说红军发有"三大禁令、四项注意"的政策规定，都打心眼儿里感到高兴，这才逐渐打消了思想顾虑，露出喜悦的笑容。吴焕先当着清真寺阿訇讲道：

"为了表示对回族人民的敬意，增进红军和回族人民的团结，我们决定明天拜访清真寺，向回族同胞赠送一些礼品。还准备向你这位德高望重的阿訇，敬献上一块匾额！明天还请各位光临……"

阿訇又惊又喜，连忙向吴焕先鞠了一躬，赞不绝口。

几位胡须花白的长者，都不约而同地捋着胡子，交口称赞："从清朝到民国，我们的胡子都白了，还是头一回见到这样的仁义之师！"

8月16日早晨，首先引起极大轰动的，就是几张用毛笔写成的红军"三大禁令、四项注意"的布告，分别贴上兴隆镇的街头。三大禁令内容和四项注意事项，都写得一清二楚，违犯者要以军法论处。

当时，就有十几名回族青年，在这张布告的感召下，报名参加了红军队伍。马青年就是其中之一。这个不满十七岁的回族青年，因为熟悉了解当地情况，参加红军以后，就分在军政治部宣传队，从事群众工作。

这天早晨，兴隆镇的大小店铺，全都照常营业开张。街头巷尾人来人往，喜气洋洋。许多逃跑在外的青年男女，这时也都牵着牲口，赶着羊，接连不断地返回家园。有不少地主乡绅，在"三大禁令、四项注意"的政策感召下，箪食壶浆以迎红军。偏僻而又闭塞的兴隆镇，顿时又恢复了往日的市容，而且还增添了一幅前所未有的兴隆景象。在一家中药铺的柜台前面，有个肚子鼓得像西瓜似的回民老乡，骑着毛驴子赶来抓药，恰好遇到军医院院长钱信忠。当着这位红军"医官"，药铺堂柜随便唠了几句，说这病人也不知抓过多少药方，已经半年多了，都不见好转。钱信忠为其作了一番诊断，原是个腹胀病患者，肚子里鼓着水呢！当下就叫患者躺在一条长凳上，按着肚皮扎了两个针管，那一股一股带着臭味的液体，源源不断地喷射出来。约莫一顿饭的时辰，患者的肚皮就渐渐塌了下去，他如释重负地舒了口气，脸上露出笑容，眼里噙着感激的泪花。

就这么一件最简单不过的平常事儿，却在镇上引起了很大震动。许多拥在一旁围观的男女群众，都带着一种惊异的目光，把红军"医官"看了又看，瞧了又瞧，紧紧围着不肯走开。人们都把钱信忠视之为了不起的"神医"！是啊，他们怎么也想象不到，这支疲于远征的红军队伍之中，竟有这样一位妙手回春的"医官"。当然，谁也料想不到，这个名扬兴隆镇的红军"医官"，解放后还曾担任过中华人民共和国的卫生部长！

第三天，红二十五军就离开了兴隆镇。临走时，镇上的男女老幼齐集街头，并在路边摆了香案，堆着点心油果，敲锣打鼓，鸣放鞭炮，依依不舍地为红军送行。马青年等十七名回族新战士，都紧紧跟在红军队伍里面，与父老乡亲们挥手告别。他们当时都随同军政治部一起行动，沿途担任回民地区的联络工作，宣传群众，扩大影响。一路上，红军所到之地，"红军好"的消息不胫而走，很快传遍了陇东高原……

后来，中央红军经由此地到达陕北以后，毛泽东在接见徐海东和程子华时，还曾夸奖过红二十五军路过陇东回民地区时留下的良好影响，说你们的民族政策水平很高，执行得很好！这里面，凝结着军政委吴焕先的多少心血啊！他为红二十五军争得了光荣，赢得了声誉……

→ 血染原上草

★★★★★

（28岁）

红二十五军闪电般地出现在陇东高原，纵横驰骋，所向披靡。

8月17日午后，红军一举攻克隆德县城，

守敌第十一旅二团一营大部被歼。当天晚上,沿西兰公路继续东进,连夜翻越六盘山。18日,进至瓦亭附近时,与由固原赶来堵截之敌三十五师一部突然遭遇。经过激战,终将敌人击退,并相继占领瓦亭、三关口、蒿店等地。19日,直逼平凉城下。

这时,部队大都集结在平凉以西三十里的安国镇,就地休息待命。徐海东审问过两个俘虏,得知平凉守敌为三十五师一〇四旅。

第三十五师原属于马鸿逵部第十五路军,参加过对鄂豫皖苏区的第四次"围剿"。1933年3月4日,重建后的红二十五军首战告捷,将敌三十五师一〇四旅二〇五团、一〇五旅二〇七团,全部歼灭于光山县的郭家河,毙伤俘敌官兵两千余名。亲自参加指挥郭家河战斗的吴焕先和徐海东,对于这两个团的覆灭经过,是最清楚不过的了。在他们的记忆之中,这两个团的番号早已不复存在。然而,他们对于这支敌军番号的变化经过,并不十分清楚。

吴焕先、徐海东和程子华经过研究,决定不去围攻平凉,不跟该敌进行较量。徐海东说:"马鸿宾守在平凉城内,正在从四处调兵增援,我们不宜在这儿停留,还是争取时间,早日实现自己的战略意图……"吴焕先也十分风趣地说:"这个在郭家河吃过败仗的三十五师,真是忘恩负义,不够意思!当初,我们在郭家河战斗后,释放了他们全部被俘官兵,散发了好几百块现大洋……而今,还是反动习性不改,顽固地堵在红军面前,一点面子都不给喽。那个一〇四旅嘛,让他守他的城,我行我的军,井水不犯河水。冤家相逢,咱们赏他一点面子,绕道而过。"

程子华随后讲道："我看，把那几个俘虏放回平凉城去，好给马鸿宾捎个口信，让他放老实一些！"

"对对，叫他不要忘了郭家河的失败下场！"徐海东不由补充了一句。

吴焕先也表示赞同："好，就这么办！"

8月21日拂晓，红二十五军经由白水镇，继续向东推进。沿着泾河南岸的泥泞公路，一步不停地奔走了四十余里，到达泾川县城以西三十里的王村。这时，方才获悉东去泾川的道路，早就被敌人严密封锁住了。

第三十五师骑兵团马培清部和一〇四旅二〇八团马开基部，分别由庆阳西峰镇、宁县早胜镇抵达泾川县城，迎面进行堵击。前有堵敌，后有追兵，情势十分危急。接连下了两天大雨，泾河水涨势很猛，部队要北渡泾河，已很困难。而在公路沿线一带活动，南面则是一道地势突兀的高原，北面又临着一条波涛汹涌的泾河，回旋余地狭窄，处境十分险恶。如不及时改变行进路线，摆脱敌人的前后夹击，时刻都有遭到覆灭的危险。就在这时，吴焕先等领导同志，果断决定暂时离开公路沿线，翻越南面的黄土高原，南渡泾河支流汭河，摆出一副佯攻灵台县城的架势，给敌人造成一种企图"夺路入陕"的错觉，实则西去威逼崇信县城，继续扭住西兰公路不放，积极策应主力红军的北上行动。

吴焕先政委亲自站在岸边上指挥部队渡河。红二十五军驰奔于陇东高原，他总是哪里有危险就出现在哪里，哪里有困难就挺立在哪里！他像一团烈火，给指战员增加了热和力；他像一杆战旗，给部队带来了希望和勇气。此时，他那五尺血肉之躯，稍微有点儿驼背的躯体，好像从河水里浸过一般，从头到脚全都浇得湿漉漉的，早已变成落汤鸡了。一副清瘦而又污秽的面孔，好像被泥水酱过似的，不断地滚动着水珠，两个眼圈乌黑乌黑的，脸色变得铁青。滂沱大雨之中，他像一只搏击风雨的山鹰，沿着狭窄的汭河岸边，奔前跑后地呐喊着，指挥部队南渡汭河……

为了争取时间，吴焕先首先指挥手枪团和二二五团，抢先渡过汭河，占领以南高地，并向泾川方向进行警戒，防止敌人突袭。先头部队涉过汭河以后，军政委吴焕先并没有跟随过河，而是就地留在汭河北岸，指挥军直机关分队，继续渡河。就在这时，山洪突然暴发，汹涌翻滚的巨浪，如同一排排腾空而起的危峰，劈头盖脑地直扑而来，发出雷鸣般的吼声。有几个战士当下就被洪峰冲倒、淹没、卷走……吴焕先一看情况严重，马上命令停止徒渡，组织抢救落水的战士。被山洪卷走的几个战士，死不见尸，活不见人，大家都感到希望渺茫……

吴焕先领着交通队的两个班，接连试探了几处渡口，都被洪峰顶了回来，一次也没有成功。恰在这时，军直学兵连指导员张体学，忽然从一旁奔了过来，对吴焕先讲道："政委，供给部驮着成匹的白布，派人牵上几匹过去，拴在对面的大树上，可以当做绳索……"大家都以为是个好办法，可以试探一下。

"哈哈，你这个'葫芦'里面，装着好方子哪！"吴焕先乐呵呵地笑道。

徐海东想了想说："水势太猛，就怕不能持久。先试一试看吧！"

军供给部正在渡河时，原顶上忽然响起了枪声。一场突如其来的战斗，好似一阵电闪雷鸣，顿时在王母原上震响起来。第三十五师一〇四旅二〇八团一千余人，在一连骑兵的配合下，由泾川方向沿着王母原顶，蜂拥般地突袭而来。守在原顶四坡村的二二三团第三营，当即凭借房屋土墙，与敌人展开激战。一阵阵猛烈的枪声，手榴弹的爆炸声，刺刀的撞击声，愤怒的冲杀声，把四坡村震得山摇地动。这时，大部队已经渡过汭河，无法回援，担负后卫掩护任务的二二三团，完全处于背水作战状态。如不坚决打退敌人的进攻，后果将不堪设想……

吴焕先和徐海东决定分头指挥部队，坚决反击敌人的进攻。徐海东立即赶到二二三团驻地，指挥该团第一、二营投入战斗，从正面实行反击。

吴焕先则带领交通队和学兵连一百五六十人，从右翼插入敌后，拦腰截击敌人。他的身体是比较瘦弱，但脚下却很有功夫，到了紧急关头，他那双闻名全军的飞毛腿，可以赛过一匹快马。山高、坡陡、路滑，他指挥部队抄着一条隐蔽的陡峭小路，一鼓作气地从河边奔上原顶，正好插到敌人的尾部，切断了敌人的后路。战士们不顾泥泞路滑，很快抢占了几处高地，从侧后向敌人发起攻击。敌人只顾向四坡村发动攻势，没想到从背后杀出一支奇兵，顿时乱作一团，抱头鼠窜。吴焕先一面指挥部队猛烈反击敌人，一面对战士们大声疾呼："同志们，顶住敌人就是胜利! 坚决地打，狠狠地打，子弹打光了用刺刀捅、枪托子砸! 决不能让敌人靠近河边……" 军政委的战场鼓动，犹似霹雳一般震响，激励着战士们冲向敌群，奋勇厮杀。

然而，就在这时，吴焕先刚好冲过一道沟坎，突然飞来一颗罪恶的子弹，穿入他的前胸。只见他就地打了个趔趄，仰身躺在泥泞的地上……

身边的两个交通队员急忙扑上前去，把军政委抱到一处隐蔽的土坎底下，进行急救包扎。这时，吴焕先的脸色已经变得苍白，双目微微地眨动着，只是蠕动了几下嘴唇，欲言又止。他当下就说不出话了。鲜血从胸膛里面涌了出来，染红了他的灰布军装，滴答滴答地洒落在地。王母原上，被他的血肉之躯压过的野草丛中，几束开着小黄花的地丁草，全都溅上了鲜血……

指战员听到军政委负伤的消息，更激起对敌人的无比仇恨，人人怒火万丈,个个锐不可当。大家都急红了眼睛,怒目圆睁,杀气腾腾,奋不顾身地冲向敌群,与敌拼刺肉搏。我二二三团第二营的三个连队,在营长郎献民、营政委田守尧的带领下,向敌人发起了猛烈冲锋,赶羊似的把敌人压到一条烂泥沟里,敌人就像炸了群似的奔逃的奔逃,跳崖的跳崖,人马互相践踏,各自不能相顾。深沟底下,恰是一片泥水淤成的稀浆,陷落到沟底的人马,一个也没有挣脱出来。二营通信班长周世忠,发现一名骑着白马的敌人军官,企图夺路逃走,举起手枪"啪啪"两下,将其连人带马撂倒在断崖边上,当时就一命呜呼。

王母原上的一场恶战,敌二〇八团全部被歼,侥幸逃跑者寥寥无几。但是,凡是参加作战的指战员们,谁也没有表现出激战后的喜悦,胜利后的欢笑。而是处于万分悲痛之中,无不热泪盈眶,捶胸顿足。因为,就在战斗即将结束的时刻,军政治委员吴焕先,躺在了王母原上,停止了呼吸……

鄂豫陕省委代理书记、红二十五军政治委员吴焕先同志,就这样战死在王母原上,年仅 28 岁。他的死,犹如夜空中的一颗流星,坠落在坎坷的长征路上,永远地离开了世间。流星在坠落之时,总是拖着一条长长的光带，而且又是那么耀眼明亮。

是的，他像一颗坠落在地的流星，一闪即逝。可那既定的西征北上的战略方针——紧紧联结着红二十五军的一条闪光的纽带，不也像灿烂的星光，划破漫漫长夜，照亮漫漫征途！这一颗璀璨的明星，已经载入长征史册，永远不会泯灭……

当天晚上，跟随在吴焕先身边的交通队战士，就抬着军政委的遗体，踏着汹涌翻滚的惊涛骇浪，一步一步地簇拥着，很快渡过泅河……

先头过河的部队，大都在泅河南岸的百烟村、龙王庄、郑家沟一带，就近驻扎宿营。军部就驻在郑家沟。这个依山傍水的村子，位于泾川县城以西，相距只有二十余里。因为此地有一户祖宗几代的郑氏大地主，占据着一块川原相间的沟口，名声盖于经川县境，故名郑家沟。事也凑巧，在为军政委料理葬事之时，恰在村里找到一口现成的好棺材，五寸厚的柏木棺板，漆得油光锃亮。原为大地主郑庭瑞寿终正寝准备的一口柏木棺材，便成了安葬军政委的难得之物。

红二十五军离开郑家沟以后，刚好过了两天，第三十五师也不知怎么获知消息，急忙派了一群匪兵，闻风扑到了郑家沟，当下就掘开坟墓，把棺材撬开，兽性大发的匪兵们，把遗体搬来倒去，加以蹂躏。覆盖在烈士身上的一件青呢大氅，被那带队掘墓的匪军长官拿去了。吴焕先身上裹着的几丈白布，也被匪兵撕成碎片，狼藉遍地。而后，便强迫村里的几个老汉，把尸体抬到泾川县城，放在粮食市场附近的一座破庙里面，打开棺盖，陈尸示众。盘踞于陇东高原的第三十五师，为了宣扬堵截红二十五军的"赫赫战果"，好向其上司邀功请赏，还曾动用了好几架照相机，对准烈士浑身上下的各个部位，拍下许多惨不忍睹的照片。五十年过后，该以什么告慰遭敌残暴躁躏的遗体，祭奠长征路上的英灵？这里，还是将由红二十五军战史编委会所撰写的，经由胡乔木、胡绳同志亲自修改审订的《吴焕先烈士纪念碑文》抄录在此，借以告慰英烈，激励后人：

吴焕先同志，1907 年生于湖北省黄安县四角曹门村（今属河南省新县）。童年读私塾，十六岁进麻城蚕业学校，加入社会主义青年团。1926 年加入中国共产党。从事农民运动，参加领导著名的黄麻起义，坚持鄂豫边武装斗争。他是鄂豫皖革命根据地和红四方面军创始人之一。历任黄安县农民自卫队党代表、鄂豫边革命委员会委员、土地委员会主席、中共黄安县委书记、鄂豫皖特委委员、鄂豫皖省委委员、红十二师政治部主任、红七十三师政治委员、红四方面军政治部主任等职。

1932 年红四方面军撤离鄂豫皖时，焕先同志留任鄂东北游击总司令。他根据省委决定主持重建红二十五军，先后任军长、军政治委员。在面对数十万敌军"围剿"、物资又极端困难的条件下，他领导红二十五军和地方军民坚守鄂豫皖革命根据地，进行了艰苦卓绝的斗争。

1934年，根据党中央指示，鄂豫皖省委决定实行战略转移。他率红二十五军冲破敌二十余倍兵力的围追堵截，进入陕南。他代理鄂豫陕省委书记，主持全面工作，正确制定各项方针、政策，为粉碎敌人两次重兵"围剿"，创建鄂豫陕革命根据地、扩大红二十五军作出了重大贡献。

1935年7月，红二十五军北出秦岭，威逼西安。在获知红四方面军和中央红军北上动向后，省委毅然作出西进甘肃、迎接党中央、北上会合陕甘红军的决定。红二十五军挥师猛进，占两当，攻天水，连克秦安、隆德县城，翻越六盘山，直逼平凉，截断西兰公路。这一具有历史意义的战略行动，有力地配合了党中央和中央红军北上。8月21日，焕先同志在甘肃泾川县四坡村战斗中壮烈牺牲，时年二十八岁。

吴焕先同志是中国无产阶级革命家、政治家、军事家。他热爱祖国，忠于党，忠于人民，胸怀全局，实事求是，无私无畏，百折不挠。他严于治军，与战士同甘共苦，英勇机智，指挥若定。在多次恶战中使所率部队转危为安，转败为胜。他具有高尚的革命品质，坚强的斗争意志，卓越的战略远见和领导才能，深为全体指战员爱戴和崇敬，是全军公认的杰出领导者。他的牺牲，全军万分悲痛。

为缅怀先烈业绩，继承革命精神，特立此碑，以志永念。

吴焕先同志永垂不朽！

后　记

中原英魂

　　作者曾抵达烈士的故乡——昔日之鄂豫皖苏区首府新县，参加了吴焕先英勇牺牲五十周年纪念活动，十分欣慰地看到邓小平同志题写的"吴焕先烈士纪念碑"碑名！李先念同志为纪念碑的题词："功勋卓著"！徐向前同志的题词："赤胆忠心，英勇善战"！誉之为"中国无产阶级革命家、政治家、军事家"的纪念碑文，经由胡乔木、胡绳同志亲自修改审订而成。

　　坐落于郑州烈士陵园的"焕先亭"，与中原大地的一代骄子吉鸿昌、杨靖宇、彭雪枫烈士之碑亭，并排巍然耸立，令人肃然起敬！

　　吴焕先是一位无愧于历史的人物，红军长征路上的一座丰碑！他的英名，他的一生，他的丰功伟绩，早已载入史册。大别山区的父老乡亲，没有遗忘这个战死在陇东高原的骄子，抛尸于泸河岸边的鬼雄！

　　血沃中原肥劲草，寒凝大地发春华。吴焕先以他的血肉之躯，沃了陇原，染红了原上草。吴焕先英勇战死以后，葬于甘肃泾川县的郑家沟。作者曾涉足其间，寻觅过烈士的墓地。呜呼！坟墓早已遭敌毁坏，遗体亦被敌人掘之而出，野蛮蹂躏，血腥作乐……后来也不知弃之何处。时年二十八岁的杰出领导者——原鄂豫陕省委代理书记、红二十五军政治委员吴焕先，为策应党中央和中央红军的长征北上，率部驰骋于陕甘边境，血沃陇原之后也得不到安息……

作者走访过几位古稀老人，他们也只知其事，言之真切，但又不知其为何许人氏。当地群众只知埋下个"红军政委"，被敌人如何掘墓陈尸，别的则鲜为人知。这个远道而来的战死者——陌生而又神秘莫测的风云人物，对当地的许多人来说，犹如浩繁的宇宙星空，一颗突然坠落在地的流星，一闪即逝，淡如烟云。

1980年春天，作者也才获知吴焕先的生平事迹。天赐良机，在此以后的数年间，曾利用编写红二十五军战史之便，翻阅了大量的历史文献资料，采访过数以百计的历史见证人，这才动笔写作。所以为吴焕先树碑立传，意在从历史的云烟深处，寒凝大地的长征路上，及时把这个英灵呼唤出来，还其以历史的本来面目，好让这一朵灿烂的无产阶级之花，重新放射出应有的光彩！

七十五年的严酷岁月，人民共和国经历了六十一个春秋。一个为之浴血战死的鬼魂，一个长久流落游荡的幽灵，而今已安息于九泉之下。作者谨以此书告慰英灵，呜呼哀哉，魂兮归来！

尽管如此，作者仍感到力不从心，难以全面、深刻、生动地反映出吴焕先的生平事迹，达到尽善尽美的地步。本书所涉的史实、人物和资料比较繁多，不可避免地存有疏漏之处和缺点错误，恳请熟悉吴焕先烈士生平的同志，从事党史军史研究的同志以及广大读者，不吝赐教，批评指正。